Der Einfluss von Mentalisierungsfortbildungen auf die Mentalisierungsfähigkeit, Affektwahrnehmung und Symptombelastung

Daniel Grafenberger

Der Einfluss von Mentalisierungsfortbildungen auf die Mentalisierungsfähigkeit, Affektwahrnehmung und Symptombelastung

Springer

Daniel Grafenberger
Klinisch-Akademisches
Psychotherapeutisches Propädeutikum
und Medical Humanities (KAPP-MH)
Medizinische Universität Wien
Wien, Österreich

ISBN 978-3-658-51846-2 ISBN 978-3-658-51847-9 (eBook)
https://doi.org/10.1007/978-3-658-51847-9

Die Deutsche Nationalbibliothek verzeichnet diese Publikation in der Deutschen Nationalbibliografie; detaillierte bibliografische Daten sind im Internet über https://portal.dnb.de abrufbar.

Planung/Lektorat: Renate Scheddin
Springer ist ein Imprint der eingetragenen Gesellschaft Springer Fachmedien Wiesbaden GmbH und ist ein Teil von Springer Nature.
Die Anschrift der Gesellschaft ist: Abraham-Lincoln-Str. 46, 65189 Wiesbaden, Germany

Zusammenfassung

Das Konzept des Mentalisierens und die Mentalisierungsbasierte Therapie wurden in den 1990er Jahren primär von Peter Fonagy geprägt. Mentalisieren beschreibt die Fähigkeit mentale Gründe des eigenen Verhaltens, und des Verhaltens anderer nachzuvollziehen. Dazu zählen Wünsche, Ideen und Vorstellungen, welche durch eine Vielzahl an Einflüssen im Leben einer Person geformt werden. Ab dem Säuglingsalter nehmen frühe Bindungserfahrungen mit Bezugspersonen Einfluss auf die Bildung des Selbst und die Affektwahrnehmung bzw. Affektregulation.

Im Rahmen eines Forschungsprojekts der Medizinischen Universität Wien wurde an der Klinik Favoriten eine Begleitstudie zu einer einjährigen Schulung für Mitarbeitende im Bereich der Mentalisierungsbasierten Therapie durchgeführt. Das Ziel der Studie war Erkenntnisse über den Einfluss der Schulung auf die Mentalisierungsfähigkeit, die Affektwahrnehmung und die Symptombelastung des teilnehmenden Krankenhauspersonals zu gewinnen.

Hierfür wurden die Mentalisierungsfähigkeit, die Affektwahrnehmung und Affektregulation, sowie die aktuelle Symptombelastung mit verschiedenen Fragebögen und in Form von Interviews zu zwei Messzeitpunkten erhoben. Die Daten wurden mit dem Programm IBM SPSS Statisitic verarbeitet und ausgewertet.

Im Bereich der Selbstmentalisierung konnte eine positive signifikante Veränderung festgestellt werden. In den Bereichen Fremdmentalisierung und Mentalisierungsmotivation war keine signifikante Veränderung messbar. Im Bereich der Affektwahrnehmung und Affektregulation konnten in vier von sechs Unterkategorien eine signifikante Verbesserung festgestellt werden. Die Ergebnisse im Bereich der Symptombelastung ergaben einen nicht signifikanten Zusammenhang zwischen Mentalisierungsfähigkeit und Abnahme der Symptombelastung.

Die untersuchte Stichprobe war sehr klein (N = 20). Die Erhebungen fanden im Krankenhaus und während der Arbeitszeit statt, dies könnte einen negativen Einfluss auf die Performance des Personals gehabt haben. Für weitere Studien wäre der Einfluss der Mentalisierungsfähigkeit des Personals auf die Genesung der Patient:innen interessant.

Abstract

The concept of mentalizing and Mentalization-Based Therapy (MBT) was primarily developed in the 1990s by Peter Fonagy. Mentalizing refers to the ability to understand the mental reasons behind one's own behavior and that of others. This includes wishes, ideas, and beliefs, which are shaped by a variety of influences throughout a person's life. From infancy onward, early attachment experiences with caregivers influence the development of the self as well as affect perception and affect regulation.

As part of a research project at the Medical University of Vienna, an accompanying study was conducted at Klinik Favoriten on a one-year training program for staff members in the field of Mentalization-Based Therapy. The aim of the study was to gain insights into the impact of the training on mentalizing capacity, affect perception, and symptom burden among hospital staff participants.

To this end, mentalizing ability, affect perception and regulation, as well as current symptom burden, were assessed using various questionnaires and interviews at two measurement points. The data were processed and analyzed using IBM SPSS Statistics.

A positive and significant change was found in the area of self-mentalizing. No significant change was observed in the areas of other-mentalizing and motivation to mentalize. In the field of affect perception and affect regulation, four out of six subcategories showed significant improvement. The results regarding symptom burden indicated no significant correlation between mentalizing ability and reduction of symptom burden.

The sample size was very small (N = 20). Data collection took place in the hospital during working hours, which may have negatively influenced staff performance. Future studies could examine the impact of staff members' mentalizing ability on patient recovery.

Inhaltsverzeichnis

Abkürzungsverzeichnis

AMEE	Association for Medical Education
ANPS	affective neurosciene Personality Scale
AREQ-K	Affektwahrnehmung und Affektregulation Q-Sort-Test – deutsche Kurzversion
BANPS-GL	Brief Affective Neuroscience Personality Scale
BRFI	Brief Reflective Functioning Interview
BSI-18	Brief Symptom Inventory
CTQ	Childhood Trauma Questionnaire
ECR-RD	Experiences in Close Relationsships – Revised
fMRT	funktionelle Magnetresonanztomografie
LEAS	Levels of Emotional Awareness Scale
MASC	Movie for the Assessment of Social Cognition
MBT	Mentalisierungsbasierte Therapie
MentS	Mentalization Scale
mPFC	mediale präfrontale Kortex
ÖAGG	Österreichischer Arbeitskreis für Gruppentherapie und Gruppendynamik
PPC	posteriore cinguläre Kortex
PRE	Precuneus
pSTS	posteriore superiore temporale Sulkus
RFQ-6	Reflective Functioning Questionnaire

RFS	Reflective Functioning Skala
ToM	Theory of Mind
TP	temporale Pole
TPJ	temporo-parietale Junktion
WAIT/C	Working Alliance Inventory

Abbildungsverzeichnis

1 Einleitung

Das Mentalisierungskonzept und die Mentalisierungsbasierte Therapie (MBT) wurden in den 1990er Jahren etabliert und stellen somit eine verhältnismäßig junge Disziplin im Feld der psychotherapeutischen Interventionsmöglichkeiten dar. Das Fundament des Konzepts bilden die Kognitionswissenschaften, die Psychoanalyse, die Entwicklungspsychologie, die Affektforschung, sowie die Neurobiologie (Euler & Walter, 2020). In den folgenden Kapiteln werden die Mechanismen des Mentalisierens und der Zusammenhang zwischen Mentalisierungsfähigkeit und Affektregulierung beleuchtet. Die Voraussetzungen für die Mentalisierungsfähigkeit im Erwachsenenalter werden bereits im Säuglings- und Kleinkindalter geschaffen. Die Qualität der Mentalisierung ist an die frühe Objektbeziehung geknüpft. Es wird davon ausgegangen, dass die Intensität der Verarbeitung der psychosozialen Umwelt eines Kindes, welche durch frühe Erfahrungen determiniert wird, einen Einfluss auf die Mentalisierung haben. Ebenso wird die Bindungsbeziehung im Kindesalter als Faktor für die Mentalisierungsfähigkeit betrachtet (Fonagy et al., 2022). Aus diesen Erkenntnissen geht hervor, dass der Grundstein für die genannten Fähigkeiten in den ersten Lebensjahren gelegt wird. Folglich stellt sich die Frage, inwieweit es im Erwachsenenalter möglich ist, diese Kompetenzen zu erwerben. Ziel dieser Arbeit ist es zu beleuchten, wie sich Fortbildungen im Bereich der MBT bei medizinischem Fachpersonal auf die Fähigkeiten der Mentalisierung, der Affektwahrnehmung und der Symptombelastung auswirken. In einer 2013 publizierten, randomisierten, kontrollierten Studie von Ensink et al. wurde untersucht, wie sich Mentalisierungstraining im Vergleich zu Didaktiktraining auf die Mentalisierungsfähigkeit der Therapeut:innen, in Bezug auf Patient:innen mit einer Borderlinediagnose auswirkt.

D. Grafenberger, *Der Einfluss von Mentalisierungsfortbildungen auf die Mentalisierungsfähigkeit, Affektwahrnehmung und Symptombelastung*,
https://doi.org/10.1007/978-3-658-51847-9_1

Die Studie konnte zeigen, dass sich die Mentalisierungsfähigkeit der Gruppe, welche Mentalisierungstraining bekam, signifikant verbesserte, während dies bei der zweiten Gruppe nicht der Fall war. Die Fähigkeit zu mentalisieren konnte in diesem Fall durch gezieltes Training verbessert werden. Folgend werden die Grundlagen des Forschungsgegenstandes, der aktuelle Stand der Forschung, sowie die durchgeführte Studie erläutert. Anschließend werden die Ergebnisse präsentiert und diskutiert.

1.1 Grundlagen des Mentalisierens

Der französische Psychoanalytiker Pierre Marty benutzte in den 1960er Jahren den Begriff „Mentalisation“ zur Beschreibung von psychosomatischen Störungen (Marty, 1990, 1991, zitiert nach Euler & Walter, 2020, S.17). In diesem Kontext stellt die Mentalisierungsfähigkeit eine vorbewusste Ich-Funktion dar, die ermöglicht, „basale, triebhafte affektive Erfahrungen in höher organisierte innerpsychische Erscheinungen und Strukturen zu transformieren und elaborieren. Damit meint „Mentalisation“ also zunächst die Fähigkeit, körpernahes, affektives Erleben als etwas Mentales zu erfassen.“ (Euler & Walter, 2020, S. 17).

Peter Fonagy entwickelte in den 1990er Jahren das Konzept der Mentalisierung, wie es heute bekannt ist. Inhaltlich handelt es sich um eine Vorstellungsgabe, die es erlaubt, mentale Gründe des eigenen Verhaltens, und des Verhaltens anderer nachzuvollziehen. Als mentale Gründe werden Kognitionen, Emotionen, Wünsche und Ziele genannt. Die Mentalisierungsfähigkeit setzt demnach voraus, dass sich hinter dem Verhalten ein psychischer Prozess erkennen lässt, welcher Verhalten erklärbar macht. Fonagy bezog sich bei der Definition des Begriffes „Mentalisation“ auf Marty, und sein Verständnis für eine Transformation von Trieb-Affekt-Erfahrungen in eine höher organisierte psychische Erfahrung (Taubner et al., 2019).

Neben den Einflüssen von Marty war auch die „Theory of Mind“ (ToM) für Fonagys Mentalisierungskonzept ausschlaggebend (Euler & Walter, 2020). Der von Fonagy etablierte Begriff der Mentalisation setzt sich aus einer Verknüpfung der Ideen Martys, gemeinsam mit der ToM und der Integration der Bindungstheorie zusammen. Besonderes Augenmerk legt Fonagy hierbei auf „ … die Erkenntnis, dass Bindungsmuster transgenerational weitergegeben werden und dass die reflexive Kompetenz von Eltern zusammen mit ihrem Bindungsmuster die Bindungssicherheit von Kindern vorhersagen können.“ (Euler & Walter, 2020, S. 18). Demnach kann Mentalisierung als Entwicklungserrungenschaft bezeichnet werden, welche in ihrer Gesamtheit oder in Teilen dadurch beeinträchtigt sein kann, dass die Interaktion mit frühen Bezugspersonen über einen längeren Zeitraum nicht richtig abgestimmt ist (Euler & Walter, 2020). Das Mentalisierungskonzept bewegt sich demnach zwischen den Kognitionswissenschaften, der Entwicklungspsychologie und der Psychoanalyse. Im Verlauf der Entwicklung kamen neurobiologische Untersuchungen und klinische Erkenntnisse hinzu, welche das theoretische Modell empirisch stützen. Für das Mentalisierungsmodell gibt es zusätzlich zu den genannten Grundpfeilern noch zwei wichtige Annahmen. Diese sind die Intentionalität und die Opazität der Gedanken beim Menschen. Beobachtbaren Handlungen und beobachtbarem Verhalten werden intentionale Beweggründe zugeschrieben. Diese Zuschreibung wird beeinflusst von der intrapersonellen Disposition und dem interpersonellen Kontext. Die situative Befindlichkeit, das Temperament, die Erfahrungen, die eine Person im Laufe des Lebens gemacht hat, die Selbst-, Objekt-, und Beziehungsrepräsentanzen, und weitere Komponenten färben die zugeschriebenen Motive. Auf Grund der zahlreichen Einflüsse auf die Intentionalität des Denkens, können die Annahmen sehr akkurat, aber auch sehr inakkurat sein. Die Opazität beschreibt den Umstand, dass es nicht möglich ist, mentale Zustände oder Abläufe jemals vollkommen korrekt zu erfassen. Mentale Prozesse, wie Gedanken oder Gefühle, können erahnt werden, es gibt jedoch keine Möglichkeit mit absoluter Sicherheit zu wissen, was das Gegenüber denkt, fühlt oder sich wünscht. Wichtig zu betonen ist, dass dies auch auf die eigenen mentalen Zustände zutrifft. Auch bei ausgeprägter Selbstreflexionsfähigkeit, ist es nicht möglich, die persönlichen mentalen Zustände genau zu erfassen (Euler & Walter, 2020). Euler und Walter (2020) schreiben, „Das Erfassen mentaler Prozesse behält immer eine gewisse Unschärfe, nicht zuletzt, weil sie sich schon während ihrer Wahrnehmung verändern bzw. durch die Fokussierung darauf beeinflusst werden können.“ (S. 19).

1.1.1 Entwicklung des Selbst

Im Laufe der Entwicklung eines Säuglings bis hin zum Kleinkind werden fünf Ebenen unterschieden, auf welchen das Kind das Selbst entwickelt und verstehen lernt. Dazu zählen die physische Ebene, die soziale Ebene, die teleologische Ebene, die intentionale Ebene, als auch die repräsentationale Ebene (Fonagy et al., 2022). Säuglinge interagieren von Geburt an mit ihren Betreuungspersonen. Sie können ihr körperliches Selbst schnell in Relation zur Umwelt erkennen (Gibbson, 1966, zitiert nach Fonagy et al., 2022, S. 214). Im Alter von zwei Monaten sind Kinder in der Lage ihre Kopfhaltung mit Hilfe von visuellem Feedback zu steuern (Butterworth & Cicchetti, 1978; Butterworth & Hicks, 1977, zitiert nach Fonagy et al., 2022, S. 214). Bereits ab dem vierten Lebensmonat neigen Neugeborene dazu motorische Aktionen wieder auszuführen, wenn diese Auffälligkeiten in der Umwelt herbeiführen (Piaget, 1936, zitiert nach Fonagy et al., 2022, S. 215). Ein bis zwei Monate später sind sie in der Lage zu unterscheiden, ob sie eine Hand oder einen unbelebten Gegenstand greifen, zusätzlich werden den Händen Kausalkräfte, wie das Bewegen von Objekten zugeschrieben (Leslie, 1984; Woodward, 1998, zitiert nach Fonagy et al., 2022, S. 215). Diese Erkenntnisse deuten darauf hin, dass es angeborene informationsverarbeitende Mechanismen gibt, die bereits im ersten Lebensjahr eine Differenzierung des Körperselbst als Objekt zulassen, welches in der Lage ist, Aktionen einzuleiten und kausalen Einfluss auf die Umwelt zu nehmen. Wichtig anzumerken ist, dass die genannten Fähigkeiten voraussetzen, dass ein Verständnis für die Kausalbeziehung zwischen der ausführenden Person und der Aktion, sowie der Aktion und dem Ergebnis existiert. Dies ist bei Säuglingen nur beschränkt möglich. Zu wissen, dass Aktionen Ergebnisse bewirken, unterscheidet sich von der Differenzierung zwischen Zielen und Verhaltensstrategien (Fonagy et al., 2022). Für die Entwicklung des Selbst, ist es jedoch entscheidend zwischen Zielen und Verhaltensstrategien zu differenzieren. Nur so können intentionale Aktionen innerhalb eines teleologischen Bezugsrahmens verstanden werden (Csibra & Gergely, 1998; Gergely et al., 1995; Tomasello, 1995, 1999, zitiert nach Fonagy et al., 2022, S. 215). Nicht nur auf der physischen Ebene, sondern auch in sozialen Interaktionen geben Studien Hinweise darauf, dass Neugeborene vom Beginn ihres Lebens an Menschen erkennen und sich diesen aktiv zuwenden, vor allem Gesichtsmuster werden schnell erkannt (Stern, 1985; Fantz, 1963; Morton & Johnson, 1991, zitiert nach Fonagy et al., 2022, S. 216). Die Eltern, insbesondere die Mutter, sind in dieser Phase der Entwicklung des Selbst stark an der Modulation der Affektzustände des Kindes beteiligt. Mutter und Kind bilden von Geburt an ein affektives Kommunikationssystem. Die Regulierung der Affektzustände erfolgt durch mimische und lautierende Spiegelungen der Gefühle. Dies lässt darauf schließen, dass Säuglinge sehr sensibel auf Mimik, Stimme, und Verhalten von Menschen reagieren, und eine angeborene Neigung besitzen aktiv an affektiven Interaktionen teilzunehmen. Die Interaktionen mit den Bezugspersonen dienen auch der Selbstwahrnehmung von Säuglingen. Es wird davon ausgegangen, dass Säuglinge positive Veränderungen der eigenen Affektzustände wahrnehmen. Dem liegt zugrunde, dass sich das Baby durch die Kontrolle über das Spiegelungsverhalten der Bezugsperson und die folgende Veränderung des Affektzustandes selbst erlebt (Gergely & Watson, 1996, 1999, zitiert nach Fonagy et al., 2022, S. 226–227).

Gegen Ende des zweiten Lebensjahres sind Kinder in der Lage zwischen dem eigenen und dem fremden emotionalen Zustand zu differenzieren. Ebenfalls zu dieser Zeit beginnt das Verstehen von intentionalen mentalen Zuständen anderer Personen. Kinder sind ab diesem Zeitpunkt in der Lage Aufmerksamkeit, Wünsche oder Intentionen anderer Personen zu erkennen (Hofman, 2000; Bartsch & Wellman, 1995, zitiert nach Fonagy et al., 2022, S. 227). Eine frühe affektregulierende Spiegelungsinteraktion zwischen Kind und Bezugsperson ist ausschlaggebend für die Entwicklung der Sensibilisierung von inneren Zuständen und in weiterer Folge von kognitiv zugänglichen Repräsentanzen von eigenen mentalen Zuständen. Die Entwicklung eines mentalistischen, intersubjektiven Standpunktes wird der Reifung von Repräsentationsfähigkeit, wie in der ToM beschrieben, zugeordnet. Dadurch ist das Kind in der Lage das Verhalten von sich und anderen als Ergebnis intentionaler mentaler Zustände zu bewerten (Fonagy et al., 2022).

1.1.2 Theory of Mind

Die Theory of Mind (ToM) beschäftigt sich mit der Auseinandersetzung über die mentalen Zustände anderer Personen. Der Name geht auf eine Studie von Premack und Woodruff aus dem Jahr 1978 (zitiert nach Böckler-Raettig, 2019, S. 10) zurück, welche in einem Experiment untersuchten, inwieweit Schimpansen eine Vorstellung der Absichten von Menschen haben. Hierfür wurden dem Tier Videosequenzen von Menschen gezeigt, die gewisse Handlungen ausführen, diese jedoch nicht vollenden können. Anschließend konnte das Tier aus verschiedenen Bildern wählen, welche Handlungsoptionen beinhalteten, wobei eine zum vorangegangen Video passte. Das Tier entschied sich so oft richtig, dass die Untersucher von keinem Zufall ausgingen. Der Schimpansin wurde folglich die Fähigkeit zugeschrieben eine Handlungsabsicht bei Menschen zu erkennen. Demnach ist sie auch in der Lage potenzielle Handlungen vorauszusagen. Die ToM ist im Alltag omnipräsent, indem sie in jeder zwischenmenschlichen Interaktion wirkt, und auf der Metaebene das Vorstellen der mentalen Zustände anderer ermöglicht. Mit Hilfe der funktionellen Magnetresonanztomografie (fMRT) konnte durch Studien erkannt werden, dass gewisse Hirnareale besonders aktiviert werden, wenn Versuchsteilnehmende ToM-Aufgaben bearbeiten. Dazu gehören die temporo-parietale Junktion (TPJ), der mediale präfrontale Kortex (mPFC), der Precuneus (PRE), der posteriore cinguläre Kortex (PPC), der posteriore superiore temporale Sulkus (pSTS), sowie die temporalen Pole (TP). Relevant ist dies für den Blick auf die Art und Weise wie die ToM funktioniert, und die Prozesse im menschlichen Gehirn ablaufen. Während bei anderen Funktionen, wie zum Beispiel beim Bewegungssehen, weniger Hirnareale aktiviert werden, lässt die Vielzahl an aktivierten Hirnregionen darauf schließen, dass es sich um einen komplexen kognitiven Vorgang handelt (Böckler-Raettig, 2019).

Die Entwicklung der ToM beginnt bereits im Säuglingsalter. Wichtig ist, dass die Fähigkeit der Auseinandersetzung mit mentalen Zuständen anderer nicht automatisch gegeben oder nicht vorhanden ist, sie ist ein Prozess, welcher sich aus entwicklungspsychologischer Sicht über die gesamte Lebensspanne verändert. Um zu erforschen, inwieweit Säuglinge in der Lage sind, Überzeugungen von anderen Personen zu erkennen, ist es nicht möglich auf explizite Aussagen zurückzugreifen. Durch implizite Testverfahren, zum Beispiel von Kovács et al. aus dem Jahr 2010 (zitiert nach Böckler-Raettig, 2019, S. 43) geht hervor, dass bereits sieben Monate alte Säuglinge möglicherweise in der Lage sind die Überzeugungen anderer Personen zu erkennen, und auch gemeinsam mit den eigenen Überzeugungen zu repräsentieren. Die Schlussfolgerungen der impliziten ToM-Forschung werden kritisiert, da durch das Fehlen der Sprache bei den Säuglingen nicht ausgeschlossen werden kann, dass einfachere mentale Zustände für die Ergebnisse verantwortlich sind. Kinder ab circa drei Jahren benutzen Worte wie „mögen“ oder „denken“, diese Begriffe beziehen sich auf mentale Zustände. Unter normalen Gegebenheiten sind Kinder dieses Alters in der Lage zwischen „Glauben“ und „Wissen“ zu differenzieren, sowie zwischen interner mentaler und externer realer Welt zu unterscheiden. Es lässt sich im Heranwachsen ein Übergang erkennen, bei welchem Kinder zunächst Repräsentationen von Überzeugungen anderer erkennen, die eigene Repräsentation jedoch noch stärker ist und sich nicht unterdrücken lässt. Der Spracherwerb hat einen Einfluss auf die ToM-Entwicklung. Bis zum sechsten Lebensjahr werden ToM spezifische Aufgaben zunehmend souveräner gelöst, auch dadurch, dass mentale Zustände explizit benannt werden können, und Verhalten verbal erklärbar wird (Böckler-Raettig, 2019).

Im Jugendalter zeigt sich, dass die ToM-Fähigkeit im Bereich von emotionalen Vorhersagen noch weniger ausgeprägt ist als im Erwachsenenalter. Bei physikalischen und kognitiven Vorhersagen sind Kinder im Alter von 14 bis 18 Jahren in der Regel auf demselben Niveau wie Erwachsene. Auch das Vorstellen der visuell-räumlichen Perspektive des Gegenübers fällt Jugendlichen schwerer als Erwachsenen. Wichtig zu betonen ist, dass die ToM-Fähigkeit im Erwachsenenalter nicht zu einem finalen Abschluss kommt. Auch wenn sie in dieser Lebensspanne am ausgeprägtesten ist, schätzen auch Erwachsene die mentalen

Zustände anderer Personen falsch ein oder missverstehen diese (Böckler-Raettig, 2019).

Im Seniorenalter nimmt die ToM-Fähigkeit in ihrer Gesamtheit wieder ab. Erklärt wird dies durch die Abnahme der Fähigkeit die eigenen mentalen Zustände zu hemmen, ähnlich wie es auch bei Kindern der Fall ist. Um in diesem Gebiet adäquate Aussagen treffen zu können, ist es bei Untersuchungen notwendig die Fähigkeit der Theory of Mind von genereller altersbedingter kognitiver Leistungsminderung zu unterscheiden. Studien, bei welchen beide Aspekte untersucht wurden, ergeben, dass eine Abnahme der Fähigkeit mentale Zustände zu erkennen eintritt (Böckler-Raettig, 2019).

1.1.3 Epistemisches Vertrauen

Das epistemische Vertrauen stellt eine Grundhaltung dar, die „die evolutionär angelegte menschliche Bereitschaft oder Fähigkeit eines Individuums, von einer anderen Person abgegebene Signale und Informationen als vertrauenswürdig, generalisierbar und relevant für sich selbst einschätzen zu können" (Euler & Walter, 2020, S. 45), bezeichnet. Die komplexen Zusammenhänge der Umwelt, sowie die teilweise undurchsichtigen Abläufe erfordern es, sich auf andere Personen verlassen zu können, und darauf zu vertrauen, dass deren Informationen richtig sind. Im Kindesalter entwickelt sich das epistemische Vertrauen durch ein Überwinden der epistemischen Wachsamkeit. Das Kind muss zunächst lernen, dass es vertrauen kann, und die Signale der Bezugsperson ehrlich sind (Kirsch & Brockmann, 2024). Die abgegebenen Signale können jedoch auch falsche Informationen beinhalten, wodurch es wichtig ist auch epistemische Wachsamkeit zu einem gewissen Grad beizubehalten. Das Verhältnis zwischen Vertrauen und Wachsamkeit ist ausschlaggebend für eine adäquate Einordung der Signale aus dem sozialen Umfeld. Sichere Bindungsbeziehungen aus frühster Kindheit legen den Grundstein für die Entwicklung des richtigen Verhältnisses. Als Faktoren für die Einschätzung gelten Augenkontakt, sowie kontingente Reaktionen des Gegenübers. Signale müssen zeitlich, inhaltlich und affektiv richtig abgestimmt sein, um vertrauenswürdig zu wirken. Bei unsicheren Bindungserfahrungen kann sich das epistemische Vertrauen nicht entwickeln. Erlebt ein Kind in der frühen Entwicklung Gewalt oder sexuellen Missbrauch durch Bezugspersonen, kann es sich auf deren Signale nicht verlassen. Diese Erfahrungen hemmen die Entwicklung von epistemischem Vertrauen. Durch die Erkenntnis, dass das Gegenüber für das Kind bedrohlich und unberechenbar ist, festigt sich epistemisches Misstrauen. Das epistemische Misstrauen stellt eine Extremform der grundsätzlich wichtigen epistemischen Wachsamkeit dar. Durch diese Erlebnisse wird auch die Bildung eines kohärenten Selbst erschwert, was dazu führt, dass die Mentalisierungsfähigkeit eingeschränkt ist (Kirsch & Brockmann, 2024). Betroffene gehen davon aus, dass soziale Beziehungen mit anderen Personen primär eine Gefahr darstellen. Wenn erwartet wird, dass keine sicheren Informationen und Signale gesendet werden, endet dies in Isolation, und einem Gefühl von Bedrohung. Epistemisches Vertrauen ist ein wichtiger Faktor für gute Mentalisierungsfähigkeit (Euler & Walter, 2020).

1.2 Mentalisieren als multidimensionales Konstrukt

Die Fähigkeit des Mentalisierens setzt verschiedene Skills voraus, sodass es zu Überschneidungen mit weiteren Konzepten im Bereich der zwischenmenschlichen Interaktion kommt. Affektbewusstsein, Empathie, Introspektion und psychologische Sensibilität spielen eine bedeutsame Rolle für die Mentalisierungsfähigkeit. Im Unterschied zu den genannten Konzepten umfasst das Mentalisieren nicht nur einen Bereich der zwischenmenschlichen Interaktion, sondern integriert das Selbst, sowie die andere Person, beinhaltet kognitive, sowie affektive Vorgänge, und interpretiert die Wahrnehmungen explizit, als auch implizit (Taubner et al., 2019). Um die Mentalisierungsfähigkeit von Personen zu untersuchen ist es notwendig zu wissen, welche Grundvoraussetzungen gegeben sein müssen, um effektives Mentalisieren möglich zu machen. Taubner et al. (2019) geben hierfür vier Kategorien an (Selbstwahrnehmung, Selbsterleben, Fremdwahrnehmung, allgemeine Werte und Haltungen). Im Bereich der Selbstwahrnehmung ist es wichtig die eigenen Gedanken und Gefühle zu hinterfragen. Im Umgang mit anderen Personen müssen die Unterschiede der psychischen Entwicklung (Kinder, Senior:innen) im Vergleich zu sich selbst wahrgenommen werden. Es ist wichtig ein Bewusstsein dafür zu schaffen, welche Wirkung Affekte haben. Besonders betont werden muss die Akzeptanz von Veränderlichkeit in Bezug auf die subjektive Sicht. Hierzu zählt auch die Änderung der Perspektive durch die persönliche Entwicklung, durch die Erfahrungen, die im Laufe des Lebens gemacht werden. Ein Beispiel hierfür wäre das bessere Verständnis für die eigenen Eltern, nachdem eine Person selbst Kinder bekommen hat oder das Alter der Eltern erreicht hat, in welchem diese subjektiv betrachtet kontrovers gehandelt haben. Im Bereich des Selbsterlebens ist es von Nöten gut kommunizieren zu können, dazu gehört auch das aktive Zuhören. Die Fremdwahrnehmung bezieht sich einerseits auf ein ehrliches Interesse an der anderen Person, und ihrer mentalen Zustände, sowie an der Fähigkeit die Perspektive der anderen Person einzunehmen und flexibel zu bleiben in Bezug auf die Bewertung dieser. Wichtige allgemeine Werte und Haltungen sind das Bewusstsein über die Fehlbarkeit der eigenen Eindrücke. Es gibt keine Sicherheit, dass die Motivationen, Bedürfnisse, und Handlungsgrundlagen anderer Personen richtig gedeutet werden. Es ist nicht möglich, sich der mentalen Zustände des Gegenübers zur Gänze sicher zu sein (Taubner et al., 2019).

Mentalisieren ist ein Prozess und abhängig von den beteiligten Personen, der Umgebung, und dem aktuellen physischen und psychischen Zustand. Die Prozesshaftigkeit veranschaulicht, dass sich die Dimensionen des Mentalisierens zwischen Polen bewegen, wobei das objektiv beste Ergebnis erzielt werden kann, wenn sich alle Dimensionen im mittleren Bereich einpendeln. Die vier Dimensionen sind eingeteilt in implizites und explizites Mentalisieren, internaler und externaler Fokus, Selbstorientierung und Fremdorientierung, sowie kognitives und affektives Mentalisieren. Je nach Situation können sich die Anforderungen an eine optimale Zusammensetzung ändern, zum Beispiel wenn mehr Fremdorientierung als Selbstorientierung notwendig ist, um die Perspektive des Gegenübers besser verstehen zu können. Die Einschätzung des Aktivierungsgrades der Pole ist relevant für die Förderung von Mentalisierungsfähigkeit, da die unteraktivierten Pole besonders gefördert werden sollten (Taubner et al., 2019).

1.2.1 Implizites vs. Explizites Mentalisieren

Die wichtigste Differenzierung zur Beurteilung der Mentalisierungsfähigkeit besteht zwischen automatischem (implizitem) und kontrolliertem (explizitem) Mentalisieren. Der Vorteil der automatischen Verarbeitung ist die Menge an Information, die in kurzer Zeit bearbeitet werden kann. Im Alltag ist dieser Modus vorherrschend. Auch in vertrauten Umgebungen oder im Kontakt mit nahestehenden Personen befindet man sich häufig im impliziten Modus. Durch den automatisierten Ablauf werden die Vorgänge jedoch selten bewusst wahrgenommen. Das hat zur Folge, dass der Prozess schwer unterdrückbar ist und sich auch nicht von selbst verändert. Um ein hohes Niveau an Mentalisierungsfähigkeit zu gewährleisten ist demnach die Selbstreflexion ein wichtiger Punkt. Das explizite Mentalisieren benötigt mehr Aufmerksamkeit und läuft deshalb langsamer ab. Dafür besteht jedoch ein Bewusstsein für den Prozess, und die Gedanken können verbalisiert werden. Personen die gut mentalisieren sind in der Lage schnell zwischen den beiden Modi zu wechseln (Taubner et al., 2019). Untersuchungen von Mayes (2006) ergaben, dass die emotionale Beteiligung einen Einfluss darauf hat, ob implizit oder explizit mentalisiert wird. Bei steigender emotionaler Beteiligung findet ein Wechsel von explizitem zu implizitem Mentalisieren statt. Sichtbar wird dies an Hirnprozessen. Während die Prozesse des expliziten Mentalisierens im präfrontalen Kortex stattfinden, befinden sich die des impliziten Mentalisierens im posterioren Kortex und in subkortikalen Arealen. Die Veränderung tritt ein, um die persönliche Stressbelastung zu regulieren (Mayes, 2006, zitiert nach Taubner et al., 2019, S. 12). Luyten et al. (2012, zitiert nach Taubner et al., 2019, S. 13) untersuchten den Zusammenhang zwischen Bindung und Mentalisieren. Die Untersuchungen ergaben, dass der Umschaltpunkt zwischen explizitem und implizitem Mentalisieren individuell ist, und von der Bindungsrepräsentation abhängt. Sicher und unsicher-vermeidend gebundene Personen erreichen den Umschaltpunkt später als Personen mit einem desorganisierten Bindungsmuster.

1.2.2 Internal fokussiertes vs. external fokussiertes Mentalisieren

Hier wird zwischen objektiv wahrnehmbarem Verhalten, wie Mimik oder Gestik, und Annahmen basierend auf inneren mentalen Zuständen, zum Beispiel einer bestimmten Reaktion, die eine Person früher schon einmal gezeigt hat, unterschieden. Die Prozesse der externalen Beobachtungen und internalen Schlussfolgerungen werden, wie auch bei der expliziten und impliziten Mentalisierung (siehe Abschn. 1.2.1), in unterschiedlichen Hirnarealen verordnet. Die internalen Prozesse finden in medialen präfrontalen Arealen statt, welche auch für das biografische Gedächtnis zuständig sind, und wo soziale Kognitionen verarbeitet werden. Die externalen Prozesse laufen in frontoparietalen Arealen ab (Satpute & Lieberman, 2006, zitiert nach Taubner et al., 2019, S. 14).

1.2.3 Mentalisieren des Selbst vs. Mentalisieren des Anderen

Hier wird zwischen dem Fokus auf die eigene mentale Befindlichkeit und die des Gegenübers unterschieden. Eine Ausgeglichenheit der Pole hat die Einbeziehung der eigenen Perspektive, sowie der Perspektive des Gegenübers zur Folge. Auch hier kann ein Pol überwiegen. Ist eine Person zu selbstorientiert, tendiert diese dazu die Sichtweise des Gegenübers nicht zu beachten, was zu einer Selbsterhöhung führen kann. Liegt der Fokus in der Bewertung der mentalen Zustände zu sehr bei der anderen Person, kann es zu einer Abhängigkeit von der emotionalen Situation des Gegenübers kommen (Affektansteckung). Die Fähigkeiten das Selbst und die andere Person einzuschätzen, liegen anatomisch betrachtet in denselben Hirnarealen. Deshalb kann es bei einem Defizit oftmals zu Einschränkungen in beide Richtungen kommen (Taubner et al., 2019).

1.2.4 Kognitives vs. affektives Mentalisieren

Um adäquat zu mentalisieren ist eine Balance zwischen kognitivem und affektivem Mentalisieren wichtig. Affektives Mentalisieren bezeichnet das Einfühlen in das Gegenüber und sich selbst. Als kognitives Mentalisieren wird das Erfassen der Emotionen bzw. anderer mentalen Zustände bei sich selbst oder der anderen Person verstanden. Kommt es zu einem Überfluss an affektivem Mentalisieren beeinträchtigt dies die Fähigkeit mentale Zustände kognitiv einzuordnen, was zu einem Affektüberfluss führt und in der zwischenmenschlichen Interaktion nicht zielführend ist. Zu viel Fokus auf das kognitive Mentalisieren bei gleichzeitiger Vernachlässigung des affektiven Erlebens führt dazu eher manipulativ zu agieren (Bateman & Fonagy, 2016, zitiert nach Euler & Walter, 2020, S. 43).

1.3 Prämentalistische Modi

Die in Abschnitt 1.2 beschriebene Multidimensionalität der Mentalisierungsfähigkeit entwickelt sich von Geburt an bis ins Erwachsenenalter. Im Heranwachsen sind prämentalistische Denkmodi erkennbar, die bei Erwachsenen ebenfalls auftreten, wenn sich diese in Situationen befinden, die die Selbstkohärenz bedrohen. Vermehrt tritt dies in unsicheren Bindungssituationen auf. Für die Diagnostik der Mentalisierungsfähigkeit ist es wichtig zu erkennen, ob sich eine Person in einem der prämentalistischen Modi befindet. Charakteristisch für das Auftreten ist, dass in dieser Phase die Mentalisierungsfähigkeit beeinträchtigt ist, und die Wiederaufnahme der tatsächlichen Mentalisierungsfähigkeit innerpsychische Arbeit bedingt (Euler & Walter, 2020).

1.3.1 Teleologischer Modus

In diesem prämentalistischen Denkmodus wird der Einfluss der Umwelt in den Fokus gerückt. Physikalische Veränderungen werden als Ursache für mentale Ereignisse angesehen. Im zwischenmenschlichen Kontakt hat das zur Folge, dass die sichtbaren Handlungen des Gegenübers überbewertet werden. Die mentalen Bedingungen, die den Handlungen zugrunde liegen sind weniger relevant. Im therapeutischen Setting äußert sich dieser Modus beispielsweise durch den drängenden Wunsch eines Therapeutenwechsels, einer Erhöhung der Stundenanzahl in der Therapie oder das Einholen von Verordnungen zur Abklärung bestimmter Symptome. Bei diesen Beispielen wird sichtbar, dass lediglich eine Handlung zu einer Veränderung des mentalen Zustandes beitragen kann (Euler & Walter, 2020).

1.3.2 Äquivalenzmodus

Im Äquivalenzmodus werden Innen- und Außenwelt gleichgesetzt (Psyche-Welt-Isomorphismus). Das innere Erleben wird auf andere verallgemeinert. In der Entwicklung von Kindern kommt dies vor, da sie noch nicht in der Lage sind, den repräsentationalen Charakter mentaler Zustände zu begreifen. Innere Ängste, werden demnach als reale Bedrohungen erlebt. Im Erwachsenenalter zeigt sich der Äquivalenzmodus durch ausgeprägtes Schwarz-Weiß-Denken, Anschuldigungen, und ein Festhalten an den eigenen Überzeugungen, da die Reflexion über die Gründe von Verhalten eingeschränkt ist. Bei normalausgeprägter Mentalisierungsfähigkeit werden mehrere Handlungsursachen evaluiert, um ein Verständnis für die Motive, Wünsche und Ziele des Gegenübers zu erlangen. Darauf folgt eine Reaktion, welche im Äquivalenzmodus bereits vor der Evaluation eintritt, da der Zwischenschritt der Beurteilung nicht stattfindet (Taubner et al., 2019).

1.3.3 Pseudomentalisierender Modus

Der pseudomentalisierende Denkmodus wird auch als „Als-Ob-Modus" oder im englischen als „pretend mode" bezeichnet. Der Name ergibt sich dadurch, dass vermeintlich mentale Theorien genutzt werden, welche sich jedoch durch Fehlerhaftigkeit, Inkonsistenz, und einen selbstdienlichen Charakter auszeichnen. Er zeigt sich durch die Verallgemeinerung von psychologischen Theorien, und vermeintlich sicheres Wissen über mentale Zustände anderer Personen. Der pseudomentalisierende Denkmodus wird unterteilt in intrusives Pseudomentalisieren, hyperaktives Pseudomentalisieren, und destruktiv-inakkurates Pseudomentalisieren. Die intrusive Form äußert sich durch ungerechtfertigtes Wissen über die mentalen Zustände anderer Personen, ohne dass ein Reflexionsprozess stattfindet, sowie durch die Reaktion mit weiteren prämentalistischen Modi, sobald die Theorien angezweifelt werden. Im hyperaktiven Modus kommt es zu einer Idealisierung der eigenen Einsichtsprozesse. Gedanken über andere Personen werden als inkonsistent wahrgenommen. Die destruktiv-inakkurate Variante zeichnet sich durch die Verleugnung objektiver Realität, Anschuldigungen, und die Verleugnung der Gefühle anderer Personen aus. Durch das Generieren falscher Theorien über sich selbst und andere ist es, ohne eine aktive Handlungsmotivation, nicht möglich die prämentalistischen Denkmodi aufzubrechen (Taubner et al., 2019).

1.4 Grundlagen der Affektregulierung

Die Erforschung von Affekten, Affektwahrnehmung, und Affektregulierung beschäftigt verschiedene wissenschaftliche Disziplinen. Bei gewissen Fragestellungen gibt es stark differierende Ansichten, sodass es notwendig ist, die wissenschaftliche Diskussion über Affekte, und ihre Regulierung überblicksmäßig darzustellen. Zunächst wurde das Thema in der Philosophie behandelt. Aristoteles, die Stoiker, Descartes, DeSousa, Spinoza, und weitere beschäftigten sich mit Affekten in ihren Abhandlungen. Die erste Affekttheorie lieferte Aristoteles. Dieser beschreibt, dass Affekte moduliert, und situationsangepasst zum Ausdruck gebracht werden können. Affekte stellen Überzeugungen dar, die Urteile liefern. Affekte können laut Aristoteles ausarten, aber Menschen sind in der Lage einen adäquaten Umgang mit ihnen zu finden. Die Stoiker wandten sich gegen die Theorie von Aristoteles, und definieren Affekte als etwas nicht Regulierbares. Affekte sollten im Gegensatz zur Vernunft nicht als Grundlage für Handlungsentscheidungen genutzt werden. Das Überkommen der Affekte ist einer der Schlüssel für ein zufriedenes Leben (Fonagy et al., 2022). Fonagy et al. (2022, S. 77) sagen dazu „Die Stoa hat auf die Philosophiegeschichte einen beherrschenden Einfluß ausgeübt, der sich vor allem in der Tendenz bemerkbar machte, die Irrationalität konsequent als Versagen der Vernunft anzusehen, statt ihr eine eigene Bedeutung einzuräumen."

In der Psychologie beschrieb Ekman (1992, zitiert nach Fonagy et al., 2022, S. 80) die fünf Basisemotionen Freude, Trauer, Zorn, Furcht und Ekel. Es wurden Untersuchungen durchgeführt, die ergaben, dass diese Emotionen kulturübergreifend richtig erkannt werden können. In der Theorie Ekmans findet sich die Annahme der Stoiker wieder, dass der Mensch keine Kontrolle über die Affekte hat. Anhänger:innen der Theorie der Basisemotionen sehen Affekte als überlebenswichtig an, und das plötzliche Erscheinen ist der Grund für die Annahme, dass das Individuum keinen Einfluss auf sie hat. Gegenstimmen kritisieren die Verknüpfung Ekmans von Affekt und Gesichtsausdruck. Auch die Rolle der Kognition in der Wahrnehmung der Affekte wird thematisiert. Es wird argumentiert, dass das Verstehen und Kategorisieren der Affekte ohne kognitive Prozesse nicht möglich wäre (Fonagy et al., 2022). Lazarus (1984, zitiert nach Fonagy et al., 2022, S.82) behauptet, dass es einen Unterschied zwischen der Schreckreaktion und dem Affekt der Furcht gibt. Um den Affekt der Furcht einzuordnen, braucht es kognitive Prozesse.

Im Bereich der Neurowissenschaften beschäftigt sich LeDoux (1996, zitiert nach Fonagy et al., 2022, S. 83) mit der Interaktion zwischen Amygdala und Neokortex bei der Wahrnehmung von Emotionen. Im menschlichen Gehirn existieren Leitungsbahnen zwischen Amygdala und Neokortex, welche durch die thalamische sensorische Verarbeitung zum selben Zeitpunkt wie der Kortex durch den Thalamus aktiviert werden. Das bedeutet, dass die Objektrepräsentation zwar gleichzeitig, aber getrennt von der emotionalen Reaktion auftritt. Emotionen werden nach dieser Theorie auf zwei Arten verarbeitet. Emotionsreaktionen des Typ I sind automatisch, und entziehen sich der Willkürkontrolle. Typ II Reaktionen werden emittiert anstatt ausgelöst. Sie sind insofern der Willkürkontrolle ausgesetzt, als dass sie individuell, und nicht artspezifisch sind. Ihnen liegen frühe Erfahrungen und Urteile zugrunde, sowie die Reaktionen in früheren ähnlichen Situationen. In den beiden Typen der Emotionsreaktion finden sich die konträren Ansätze der frühen Philosophen, die aristotelische und die stoische Ansicht, zusammengeführt. Die Beziehung zwischen Affekt und Selbst wurde von dem Neurowissenschaftler Damasio untersucht. Für ihn haben der Körper und die Emotionen einen hohen Stellenwert für die Rationalität. Er geht davon aus, dass es eine Wechselwirkung zwischen Kognition und Emotion gibt, wodurch jede Unterscheidung willkürlich ist (Fonagy et al., 2022).

1.4.1 Psychoanalytische Sicht auf Affekte und Affektregulierung

Freud vertrat in seinen Aussagen über die Beschreibung der Affekte über die Jahre verschiedene Ansätze. Zunächst wurde beschrieben, dass Affekte psychische Manifestationen der Triebe sind, und Energien abführen. Sie haben ihren Ursprung im „Es". Später wurden Affekte als Signale bezeichnet, welche zu einem bestimmten Grad dem „Ich" unterliegen. Insbesondere die zweite Annahme wurde durch die Entwicklung der Objektbeziehungstheorie und den Fortschritten in der Entwicklungstheorie immer wichtiger (Fonagy et al., 2022). Die Psychoanalytikerin Marjorie Brierley betonte, dass Affekte durch innere Bedingungen, aber auch durch äußere Ereignisse entstehen können (Brierley, 1937, zitiert nach Fonagy et al., 2022, S. 92). Damit weicht sie von Freuds Annahme ab, dass Affekte eine Reaktion auf innere Veränderungen des Körpers sind, ohne dass ein Bezug zur Außenwelt besteht. Freud verstand Affekte, genauso wie Vorstellungen, als Manifestation der Triebe. Er sprach ihnen sowohl physische als auch mentale Aspekte zu, indem sie sich körperlich präsentieren, und von psychischer Signifikanz sind. Manche Psychoanalytiker:innen vertreten die Theorie der Basisemotionen nach Ekman (1992, zitiert nach Fonagy et al., 2022, S. 80; Abschn. 1.4), während andere diese kritisieren. Deutlich wird, dass die Meinung zu den Affekten, und deren Regulierung in der Psychoanalyse nicht eindeutig ist. Für die Regulierung der Affekte sind aus psychoanalytischer Sicht mehrere Faktoren entscheidend. Zunächst muss beachtet werden, dass die Regulierung ein nie abgeschlossener Prozess ist. Die Affekte unterliegen einer hohen Fluktuation, da sie mit dem subjektiven Erleben einhergehen. Diese Annahmen widerspiegeln sich im klinischen Alltag, indem Personen nicht wissen, was sie empfinden, mehrere Dinge gleichzeitig empfinden oder glauben etwas zu empfinden, was sich im Endeffekt als etwas anderes herausstellt (Fonagy et al., 2022).

1.4.2 Mentalisierte Affektivität

Die Affektregulierung dient der Herstellung eines Gleichgewichts zwischen positiven und negativen Affekten. Bereits in der frühkindlichen Entwicklung trägt sie zur Ausprägung des Gefühls des Selbst, sowie zur Wandlung von Ko-Regulierung zu Selbstregulierung der Affekte bei. Durch den Ursprung der Affekte im Körpererleben liegt der Schluss nahe, dass sie für das Bewusstsein nicht zur Gänze begreifbar sind (Fonagy et al., 2022).

Fonagy et al. (2022) unterscheiden verschiedene Ebenen der Affektregulierung. Das Gleichgewicht des Organismus stellt dabei die unterste Ebene dar. Für das Bewusstsein nicht zugänglich, ist die Affektregulierung auf dieser Ebene äquivalent zur Homöostase. Charakteristisch für diese Stufe ist, dass Handlungen spontan und unreflektiert vonstattengehen, beispielsweise in lebensbedrohlichen Situationen.

Auf zweiter Ebene liegt der Fokus der Affektregulierung auf der Bedeutung des Affekts. Das bedeutet, dass es möglich ist, über einen Affektzustand nachzudenken, während dieser präsent ist. Hier wird ein kognitiver Einfluss auf die Affektregulierung sichtbar. Das Nachdenken über den Zustand unterstützt das Individuum dabei die Affekte einzuordnen und zu bewerten. Das bedeutet, „… daß es möglich ist, den Affektzustand kognitiv zu prozessieren und ihn gleichzeitig aufrechtzuerhalten." (Fonagy et al., 2022, S. 103). Hier wird der Einfluss der Mentalisierung auf die Affektregulierung erkennbar. Die Mentalisierungsfähigkeit schließt die Selbstregulierung und die Reflexion der Affekte ein. Betont wird, dass Affekte auch ohne Mentalisierungsprozess verarbeitet werden können, dies aber einen weitaus weniger komplexen Prozess darstellt (Fonagy et al., 2022).

Die höchste Ebene der Affektregulierung wird als „mentalisierte Affektivität" bezeichnet, und schließt neben der Bewusstwerdung der eigenen Affekte, und dem gleichzeitigen Aufrechterhalten dieser, auch die Ergründung der Bedeutung dieser Affekte ein. Die mentalisierte Affektivität ist „… eine weiterentwickelte Form der Affektregulierung …" und gibt „… zu erkennen, wie das Individuum seine Affekte durch die Linse der Selbstreflexion wahrnimmt." (Fonagy et al., 2022, S. 436). Diese Form der Auseinandersetzung mit den eigenen Affekten ist nicht bei jeder Person gleich stark ausgeprägt und kann durch psychotherapeutische Interventionen verbessert werden. Der Grundstein für die mentalisierte Affektivität ist die Vertrautheit mit dem subjektiven Erleben. Demnach benötigt es ein gewisses Maß an Reflexionsfähigkeit, wodurch es möglich wird, den Affekt nicht nur theoretisch zu verstehen, sondern diesen so zu erleben, dass eine tiefe Einsicht über die Gründe und Auswirkungen entstehen kann. Durch diesen Prozess bekommen Affekte Bedeutungen. In weiterer Folge hilft dies positive Affekte zu verstärken, und negative Affekte zu akzeptieren, und zu bearbeiten (Fonagy et al., 2022).

Die mentalisierte Affektivität setzt sich aus den drei Komponenten Affektidentifizierung, Affektmodulierung, und Affektausdruck zusammen. Jeder dieser drei Teilbereiche lässt sich in eine elementare und eine komplexe Form unterteilen. Affektidentifizierung meint das Benennen der Basisemotion. In der komplexen Form besteht die Aufgabe der Affektidentifizierung darin, Zusammenhänge mehrerer Emotionen zu verstehen. Dies ist relevant, wenn mehrere Emotionen gleichzeitig auftreten oder eine Emotion in eine andere umschlägt. Es ist nicht immer eindeutig, welche Emotion im Vordergrund steht. Beispielsweise kann sich die Emotion Wut durch Trauer oder Angst äußern. In diesem Fall besteht die Aufgabe darin, hinter der Trauer oder der Angst die verborgene Wut zu identifizieren. Die Modulierung der Affekte bedeutet eine Veränderung der Intensität oder Dauer herbeizuführen. Die Fähigkeit den Affekt zu regeln, während er aufrecht ist, bietet die Möglichkeit nicht zu sehr daran festzuhalten. Vor allem bei negativen Affekten ist das wichtig, um nicht in einer Negativspirale an Emotionen gefangen zu sein. In der komplexeren Form der Affektmodulierung wird an der Umbewertung der Affekte gearbeitet. Das eigene Affekterleben resultiert neben der Situation auch aus den eigenen Erfahrungen, früheren Beziehungen und früheren Situationen. Die komplexe Modulierung ist eine Einbeziehung dieser früheren Einflüsse. Das Individuum ist sich im Klaren darüber, wie die eigene Geschichte das aktuelle Affekterleben prägt. Der Affektausdruck ist die äußere als auch innere Darstellung der Emotion. Auf elementarer Ebene bleibt die Entscheidung, ob ein Affekt gehemmt wird oder dieser nach außen getragen wird. Affekte äußern sich durch die Mimik und durch Handlungen. Auch das Unterdrücken des Affekts in bestimmten Situationen kann die richtige Entscheidung sein. Die innere Erscheinung des Affekts kommt der Selbstreflexion nahe. Fonagy et al. (2022, S. 440) beschreiben, „... die eigenen Affekte werden zum Gegenstand der Reflexion, *während* man sie in sich wahrnimmt, das heißt, ohne daß man sich von ihnen distanziert." Die komplexe Form des Affektausdrucks trägt dazu bei das Erleben zu kommunizieren, um eine Reaktion des Gegenübers zu bekommen. Dabei handelt es sich nicht um ein rücksichtsloses Darstellen der eigenen Emotionen, sondern der Ausdruck der Affekte dient dem Dialog mit der anderen Person. Das Ziel ist, dass das Gegenüber auf die eigenen Affekte eingehen kann und diese nicht nur sieht (Fonagy et al., 2022).

1.5 Zusammenhang der Mentalisierungsfähigkeit und Symptombelastung

Mentalisieren hat eine zentrale Funktion in der Entwicklung und Erhaltung der psychischen Gesundheit. Die Stabilisierung des Selbst, durch den Prozess des Mentalisierens, verhindert, dass belastende Erfahrungen und stressfördernde Erlebnisse das Selbstbild gefährden (Taubner, 2015, zitiert nach Kirsch & Brockmann, 2024). Daraus resultiert eine stärkere Selbstwirksamkeit und Handlungsfähigkeit, welche bei unkontrollierbaren Erlebenszuständen eine unterstützende Wirkung haben. Die Fähigkeit zu mentalisieren wirkt sich positiv auf die Verarbeitung psychosozialer Stressoren aus. Eine Studie von Schwarzer & Gingelmaier aus 2020 (zitiert nach Kirsch & Brockmann, 2024) konnte zeigen, dass die Mentalisierungsfähigkeit das Wohlbefinden von Personen mit kindlichen Misshandlungserfahrungen erhöht. Zusätzlich konnte festgestellt werden, dass die Mentalisierungsfähigkeit den Zusammenhang zwischen Stress und Selbstkohärenzerleben positiv beeinflusst. Mentalisieren dient als Schutzfaktor durch die Steigerung der Resilienz (Kirsch & Brockmann, 2024).

Das menschliche Gehirn nutzt die Fähigkeiten, wie zwischen Ursache und Wirkung zu unterscheiden, die Selbst- und Fremdwahrnehmung zu trennen oder Wünsche und Glaubenssätze zu bilden, um ein Modell der Umwelt zu erschaffen. Dadurch ist es dem Individuum möglich, die subjektiv relevanten Aspekte der Umwelt zu erkennen. Diese Prozesse beginnen im Kleinkindalter und ziehen sich durch das gesamte Leben. Die Mischung aus Annahmen und aktuellen Informationen helfen dabei auf den Zustand der sozialen Umwelt zu schließen. Werden neue Erkenntnisse gewonnen, sorgt dies für eine Anpassung der persönlichen Überzeugungen. Der Grad der Flexibilität oder Rigidität bei diesem Vorgang, vor allem mit Blick auf Beziehungserfahrungen, wird durch frühe kindliche Erfahrungen determiniert. Die Plastizität des Gehirns, die im Kindesalter primär von Erfahrungen gesteuert wird, kann auf die Verarbeitung von Emotionen und Stress übertragen werden. Bei übermäßiger Stressexposition im Kindesalter, hat dies negative Auswirkungen auf die Schaltkreise der Emotionsregulation. Stress und Traumata sind große Risikofaktoren für körperliche und psychische Erkrankungen im Erwachsenenalter. Das bedeutet, dass eine beeinträchtigte Stressverarbeitung mit einem höheren Auftreten von belastenden Symptomen einhergeht (Kirsch & Brockmann, 2024).

Am Beispiel von Patient:innen mit Borderline-Persönlichkeitsstörung ist es möglich die subjektive Symptomwahrnehmung im Zusammenhang mit der Mentalisierungsfähigkeit zu beleuchten. Die Mentalisierungsfähigkeit bei Personen mit einer F60.31 Diagnose nach ICD-10, ist in gewissen Bereichen in der Regel stark beeinträchtigt. Um das Gegenüber mentalistisch nachvollziehen zu können, bedarf es der kohärenten Integration der Intentionen dieser Person. Durch widersprüchliche Verhaltensweisen von frühen Bezugspersonen, welche einem Kind gegenüber gewalttätig waren oder dieses missbraucht haben, leidet die Mentalisierungsfähigkeit. Die „mentale Kohärenz" lässt grundsätzlich davon ausgehen, dass Intentionen, Überzeugungen und Wünsche nicht widersprüchlich sind. Wenn dem doch so ist, ist es nicht möglich eine nachvollziehbare Handlungsweise einer Person zu erkennen. Infolgedessen können die Handlungen und Vorstellungen nicht mentalisiert werden. Bei Kindern, die von Missbrauch betroffen sind, und gleichzeitig erleben, wie die misshandelnde Bezugsperson die Taten leugnet oder teilweise sogar fürsorglich agiert, führt dies zu einer Spaltung der Identität der Person. Dem Kind wird dadurch ermöglicht, die widersprüchlichen Anteile der anderen Person in einen nachvollziehbaren, nicht ambivalenten Bezugsrahmen zu geben und so die gespaltenen Anteile für sich zu mentalisieren (Fonagy et al., 2022).

Patient:innen geben oft ein Gefühl von Leere oder undifferenzierte Selbstzustände an. Das instabile Selbstgefühl der Boderlinepatient:innen resultiert aus der fehlenden Fähigkeit zu reflektieren. Sie sind nicht in der Lage genaue sekundäre Repräsentationen ihrer Gefühle, Ideen, Wünsche oder Überzeugungen zu generieren. Durch das Fehlen der Gefühlsrepräsentation sind für die Patient:innen die subjektiven emotionalen Zustände oft unklar. Dies äußert sich durch das Symptom Impulsivität (Fonagy et al., 2022).

Die Fähigkeit der Mentalisierung ist wichtig für die Regulierung der Affekte. Durch das fehlende Mentalisierungsvermögen kommt es zu emotionalen Erregungszuständen, die die Selbstkontrolle überstrapazieren. Die Mentalisierungsfähigkeit hilft dabei die Realität aus verschiedenen Blickwinkel zu betrachten, und die Möglichkeit offen zu lassen, sich selbst zu irren. Kommt es zu einer Aktion des Gegenübers, mit welcher eine Person nicht rechnet, da diese von anderen Überzeugungen ausgeht, bildet sie durch Mentalisierungsprozesse Hilfshypothesen, die als Erklärungsversuche für das beobachtete Verhalten des Gegenübers dienen. Bei Patient:innen mit Borderline-Persönlichkeitsstörung ist diese Fähigkeit stark eingeschränkt. Die subjektive Realität stellt eine festgefahrene Überzeugung dar, wodurch Abweichungen durch das Gegenüber als bedrohlich eingestuft werden. Das führt zu einer emotionalen Instabilität und deutlich erhöhten Reizbarkeit der Patient:innen (Fonagy et al., 2022).

Das oftmals beschriebene Gefühl der Leere bei Personen mit Persönlichkeitsstörung vom Typ Borderline entsteht durch die Isoliertheit, die durch die nicht vorhandene Mentalisierungsfähigkeit auftritt. Grund hierfür ist das Unvermögen die inneren Prozesse des Gegenübers zu erkennen. Wenn die Mentalisierungsfähigkeit erlischt, weil die mentalen Zustände nicht wahrgenommen werden, resultiert daraus eine innere Bedeutungslosigkeit, die als innere Leere, bis zu einem Gefühl von Dissoziation beschrieben wird. Durch die Darstellung der Defizite im Bereich der Mentalisierung bei Patient:innen mit der Diagnose Borderline und der Auswirkungen auf die Präsentation der klassischen Symptome lässt sich ein Zusammenhang zwischen der Mentalisierungsfähigkeit und der Symptombelastung erkennen (Fonagy et al., 2022).

1.6 MBT-Projekt der Medizinischen Universität Wien

Seit mehreren Jahren wird an der Medizinischen Universität Wien, in der Abteilung für Psychoanalyse und Psychotherapie, sowie an der Universitätsklinik für Psychoanalyse und Psychotherapie unter der Leitung von Univ.-Prof- Dr. Stephan Doering im Bereich der Mentalisierungsbasierten Therapie geforscht und publiziert. Die Betreuer:innen dieser Arbeit, Dr. Jürgen Fuchshuber, BSc., MSc., und Univ. Prof. Priv.-Doz. Dr. med. univ. Henriette Löffler-Stastka sind an einer Vielzahl dieser Projekte maßgeblich beteiligt. Bisher entstanden in Summe 16 Publikationen aus dem Projekt, wovon ausgewählte im folgenden Abschnitt kurz beschrieben werden, da sie thematisch und inhaltlich zu dem in dieser Arbeit vorgestellten Forschungsprojekt passen.

Bereits im Jahr 2017 wurde an der Klinik Favoriten im Bereich der MBT geforscht. Mithilfe des Movie for the Assessment of Social Cognition (MASC) wurde die Mentalisierungskapazität von Therapeut:innen der Klinik zu zwei Messzeitpunkten erhoben, wobei die teilnehmenden Personen zwischen diesen Messzeitpunkten ein spezifisches MBT-Training erhielten. Die Fragestellungen des Projekts bezogen sich auf die Quantifizierbarkeit der Mentalisierungskapazität der Mitarbeiter:innen durch den MASC-Test. Auch die Unterschiede der Mentalisierungskapazität durch das MBT-Training wurden untersucht. Zusätzlich wurden die positiven und negativen Auswirkungen im klinischen Arbeiten und im Privatleben der Teilnehmenden durch das MBT-Training evaluiert. Die Auswertung der ersten Erhebung des MASC-Test vor dem MBT-Training ergibt eine überdurchschnittliche Mentalisierungskapazität der teilnehmenden Personen, aber auch verschiedene Reaktionen zu den im Film gezeigten Situationen (Horn et al., 2017). Im Jahr 2018 wurde die noch laufende Studie aus dem Jahr 2017 mit neuen Daten auf der Jahrestagung der Gesellschaft für Medizinische Ausbildung vorgetragen (Horn et al., 2018).

Ebenfalls im Jahr 2018 wurden zur Annual Conference of the international Association for Medical Education (AMEE) Ergebnisse aus dem MBT-Projekt präsentiert, welche im Vergleich zu den zuvor genannten Studien (Horn et al., 2017, 2018) um eine Kontrollgruppe erweitert wurden. Die Ergebnisse lassen darauf schließen, dass die Kompetenzen der behandelnden Person ausschlaggebend sind für den Effekt der Behandlung. Es wird betont, dass Empathievermögen und Mentalisierungsfähigkeit wichtige Komponenten im klinischen Alltag darstellen. Ziel ist es empirische Daten zur Entwicklung der Mentalisierungs- und Reflexionsfähigkeit der Mitarbeiter:innen über den Verlauf ihrer beruflichen Tätigkeit zu untersuchen. In der Studie wurden Mitarbeiter:innen der psychiatrischen Station der Klinik Favoriten mit dem MASC-Test untersucht. Die Kontrollgruppe bestand aus Mitarbeiter:innen mit klinischer Erfahrung, und von derselben Station, welche jedoch das MBT-Training nicht absolvierten. Auch hier weisen beide Gruppen in der ersten Erhebung eine überdurchschnittliche Mentalisierungskapazität auf. Bei den Reaktionen zu den im Zuge des MASC-Tests gesehenen Szenen gibt es ebenfalls unterschiedliche Reaktionen. Die Daten weisen auf unterschiedliche Effekte des MBT-Trainings in den verschiedenen Gruppen hin (Löffler-Stastka et al., 2018).

Eine im Jahr 2020 publizierte Studie beschäftigt sich mit dem Zusammenhang der Mentalisierungsfähigkeit und den Arbeitsbedingungen bzw. dem Arbeitsumfeld. Man geht davon aus, dass die Mentalisierungsfähigkeit kontextabhängig ist und auch bei Personen mit ausgeprägter Mentalisierungsfähigkeit schwankt (Luyten et al., 2020, zitiert nach Steinmair et al., 2020, S. 2). Verschiedene

Einflussfaktoren, wie die Persönlichkeit des Patienten bzw. der Patientin, das Arbeitssetting, das Arbeitspensum, die Stressbelastung, die Unvorhersehbarkeit durch plötzliche Notfälle im klinischen Alltag, sowie wirtschaftliche Faktoren, zum Beispiel die Sicherheit des Arbeitsplatzes oder die Aufstiegschancen haben das Potential die emotionale Belastung zu erhöhen, und wirken sich somit auf die Gesundheit der Mitarbeiter:innen und die Qualität der Arbeit aus (Wang et al., 2019, zitiert nach Steinmair et al., 2020, S. 2). Es konnte durch Studien gezeigt werden, dass ausgeprägtes Empathievermögen bei klinischem Personal mit einem Risiko für höhere emotionale Erschöpfung einhergeht, und dass die Empathie mit der Zeit abnimmt (Seitz et al., 2017, zitiert nach Steinmair et al., 2020, S. 2). In der von Steinmair et al. (2020) durchgeführten Studie wurde untersucht, wie die Mentalisierungsfähigkeit durch das Setting bzw. den Kontext, sowie durch MBT-Training beeinflusst werden kann. Hierfür wurden Stichproben aus zwei verschiedenen Institutionen gewählt. Die Teilnehmenden der ersten Institution waren entweder am Anfang oder am Ende ihrer psychotherapeutischen Ausbildung und wurden nach diesem Kriterium in zwei Gruppen (A und B) unterteilt. Die psychiatrische Abteilung der Klinik Favoriten stellte die Gruppen C, und D zur Verfügung. Gruppe C bestand aus 20 Mitarbeiter:innen der Abteilung, die kein MBT-Training absolvierten. Gruppe D bestand aus 20 Mitarbeiter:innen, die am Beginn eines MBT-Trainings standen. Der primäre Outcome wurde mit Hilfe der Reflective Functioning Skala (RFS) gemessen. Innerhalb der Gruppen A und B, sowie C und D konnten keine signifikanten Unterschiede in der Mentalisierungsfähigkeit am Beginn der Erhebung festgestellt werden. Der Unterschied zwischen den Institutionen war jedoch signifikant. Die Gruppen A und B erzielten höhere Werte auf der RFS als die Gruppen C und D. Es konnte gezeigt werden, dass eine Vollzeitbeschäftigung, sowie das Arbeiten in einer eigenen Praxis mit einem höheren Ergebnis auf der RFS zusammenhängt. Die Studie zeigt, dass die Ergebnisse der RF-Skala über den Zeitraum der Untersuchung stabil waren. Personen in freier Praxis erzielten höhere Scores als die Mitarbeiter:innen im klinischen Setting. Es ist jedoch nicht klar, ob Personen mit besserer Mentalisierungsfähigkeit dazu neigen in einer privaten Praxis zu arbeiten oder die Arbeitsbedingungen auf Krankenhausstationen ausschlaggebend für den geringeren RF-Score sind. Es wird beschrieben, dass sich die Patient:innen der untersuchten Mitarbeiter:innen hinsichtlich Schwere der Erkrankung und Dringlichkeit der Behandlung deutlich unterschieden. Die Exposition der Mitarbeiter:innen im Krankenhaus gegenüber den Patient:innen mit intensiverem Behandlungsbedarf kann ausschlaggebend für die geringeren RF-Scores sein. Durch die Annahme, dass die Stressbelastung, und die Art und Weise des Kontakts mit Patient:innen eine Auswirkung auf die Mentalisierungskapazitäten der

Mitarbeitenden haben, ist es möglich, dass das Arbeitssetting bzw. das Arbeitsumfeld im Krankenhaus einen Einfluss auf die Mentalisierungsfähigkeit haben (Steinmair et al., 2020).

Eine weitere Studie von Steinmair et al. (2021) untersuchte mit Hilfe des MASC Mitarbeiter:innen im Gesundheitsbereich in Hinblick auf die Verbesserung der Mentalisierungsfähigkeit durch MBT. Es konnte ein signifikanter Anstieg des MASC-Scores nach Abschluss des MBT-Trainings beobachtet werden. Auch ein Unterschied in der MBT-Gruppe und der Kontrollgruppe ohne MBT-Training war sichtbar. Die MBT-Gruppe erzielte signifikant bessere Scores als die Kontrollgruppe. Die Studie lässt darauf schließen, dass MBT-Training eine wirksame Methode darstellt die Mentalisierungsfähigkeit zu erhöhen (Steinmair et al., 2021).

Methodik 2

Die in dieser Arbeit präsentierte Studie wurde im Rahmen des in Abschnitt 1. 6 beschriebenen MBT-Projekts der medizinischen Universität Wien durchgeführt. An dem aktuellen Projekt waren im Zeitraum von Oktober 2023 bis Juni 2025 unter der Leitung von Univ. Prof. Priv.-Doz. Dr. med. univ. Henriette Löffler-Stastka und Dr. Jürgen Fuchshuber, BSc., MSc., die Student:innen des Masterlehrgangs „Klinisch akademisches Psychotherapeutisches Propädeutikum und Medical Humanities" Stefanie Post, Alina Zolles, Julia Buresch, Nataliya Zatushna, und der Autor dieser Arbeit, Daniel Grafenberger, beteiligt. Frau Zolles, Frau Buresch, und Frau Zatushna bearbeiteten Fragestellungen die sich auf Patient:innen bezogen, Frau Post und Herr Grafenberger bearbeiteten Fragestellungen, die sich auf Krankenhauspersonal bezogen. Durch die thematische Nähe bezieht sich der Autor dieser Arbeit stellenweise auf die Masterthese von Frau Post. Für die Beantwortung der Fragestellungen wurden dieselbe Stichprobe, sowie teilweise dieselben Erhebungsmethoden verwendet.

Die Studie wurde an der Klinik Favoriten (Wiener Gesundheitsverbund) durchgeführt. Diese umfasst 14 Abteilungen, und 13 Ambulanzen. Das Personal der Klinik Favoriten hatte die Möglichkeit auf freiwilliger Basis von Februar 2024 bis Februar 2025 an einer MBT-Schulung teilzunehmen, welche von Mag. Dr. Helga Felsberger durchgeführt wurde. Die Abteilung für Psychiatrie unter der

Ergänzende Information Die elektronische Version dieses Kapitels enthält Zusatzmaterial, auf das über folgenden Link zugegriffen werden kann https://doi.org/10.1007/978-3-658-51847-9_2.

D. Grafenberger, *Der Einfluss von Mentalisierungsfortbildungen auf die Mentalisierungsfähigkeit, Affektwahrnehmung und Symptombelastung*, https://doi.org/10.1007/978-3-658-51847-9_2

Leitung von Prim. Dr. Kurt Stastka war hauptsächlich an der Planung und Durchführung der Fortbildung beteiligt. Die MBT-Schulung für Mitarbeiter:innen der Klink Favoriten beinhaltete zwölf Termine, ein Termin pro Monat, bei welchem die Mentalisierungsfähigkeit der Teilnehmer:innen geschult, sowie Wissen und Information über die Mentalisierungsbasierte Therapie vermittelt wurde. Das Hauptaugenmerk der Schulung lag in der Verbesserung der Qualität in der Kommunikation der Mitarbeiter:innen mit Patient:innen. Mag. Dr. Helga Felsberger ist klinische Psychologin, Gesundheitspsychologin, Psychotherapeutin, und Leiterin der Weiterbildung für MBT im Österreichischen Arbeitskreis für Gruppentherapie und Gruppendynamik (ÖAGG). Die MBT-Fortbildung wurde durch das Forschungsteam des MBT-Projekts im Sinne einer Begleitforschung untersucht.

2.1 Forschungsdesign

Das Ziel dieser Arbeit ist die Betrachtung des Einflusses der durchgeführten MBT-Schulung auf die Mentalisierungsfähigkeit, die Affektwahrnehmung und die Symptombelastung des teilnehmenden Krankenhauspersonals. Hierfür wurden zwei Messzeitpunkte gewählt. Die Basiserhebung wurde vor Beginn der MBT-Schulung von Daniel Grafenberger durchgeführt. Die Abschlusserhebung nach Ende der MBT-Schulung wurde von Frau Post durchgeführt. Parallel zur Basiserhebung wurde durch Daniel Grafenberger eine Kontrollgruppe erhoben, welche nicht an der MBT-Schulung teilnahm und zu keinem weiteren Zeitpunkt erhoben wurde. Bei der Erhebung der Daten handelt es sich um ein Mixed-Methods Design, da sowohl mit qualitativen als auch quantitativen Erhebungsmethoden gearbeitet wurde. Parallel zu den genannten Messzeitpunkten wurden von Daniel Grafenberger zu vier Messzeitpunkten Gespräche zwischen Teilnehmer:innen der MBT-Schulung und Patient:innen der Abteilung für Psychiatrie aufgezeichnet und bewertet.

2.2 Stichprobe

Für die Akquirierung der Stichprobe wurde der Forschungsgruppe die Teilnehmer:innenliste der MBT-Schulung zur Verfügung gestellt. Angemeldet für die Schulung waren in Summe 40 Personen aus verschiedenen Abteilungen der Klinik Favoriten, wobei die Abteliung für Psychiatrie am häufigsten Vertreten war. Alle 40 Personen wurden im Oktober 2023 über die berufliche Mailadresse des

Wiener Gesundheitsverbundes kontaktiert. In dieser Anfrage wurde die Begleitforschung vorgestellt und angefragt, ob die jeweilige Person an dieser teilnehmen möchte. 20 der 40 Personen stimmten zu an der Studie teilzunehmen.

Die Stichprobe bestand aus 20 Teilnehmer:innen, davon waren 15 weiblich, und 5 männlich. Das Durchschnittsalter betrug 40,05 Jahre ($SD = 10.97$; Range $= 25 - 59$). Elf Personen waren ledig, sieben Personen waren verheiratet, zwei Personen waren in einer Partnerschaft. Eine Person hatte eine slowakische Staatsbürgerschaft, die anderen 19 Personen waren österreichische Staatsbürger:innen. 16 Personen gaben als höchsten Bildungsabschluss einen Hochschulabschluss an, jeweils zwei Personen gaben Matura (Hochschulreife) und Lehre an. Die Berufsangehörigkeit unterteilte sich in acht Personen des ärztlichen Personals, fünf Personen der Gesundheits- und Krankenpflege, drei Personen der Ergotherapie, einer Person der Psychologie, einer Person der Sozialarbeit, sowie zwei Personen aus dem Bereich Medizinphysik (Post, 2025). 17 Personen arbeiteten in der Abteilung für Psychiatrie, eine Person in der Abteilung für Kinder- und Jugendheilkunde, und zwei Personen in der Abteilung für Onkologie und Hämatologie.

Die fünf Personen der Kontrollgruppe setzten sich aus vier weiblichen und einer männlichen Person zusammen. Das Durchschnittsalter in der Kontrollgruppe betrug 37,6 Jahre ($SD = 9{,}14$; Range $= 27 - 48$). Vier Personen gaben an ledig zu sein, eine Person war verheiratet. Alle teilnehmenden Personen der Kontrollgruppe hatten eine österreichische Staatsbürgerschaft. Vier Personen hatten als höchsten Bildungsabschluss einen Hochschulabschluss, eine Person eine Lehre. Jeweils eine Person gehörte den Berufsgruppen Ärzt:in, Gesundheits- und Krankenpflegekraft, Sozialarbeiter:in, Psycholog:in, sowie Medizinphysiker:in, an (Post, 2025). Vier Personen der Kontrollgruppe arbeiteten in der Abteilung für Psychiatrie, eine Person arbeitete in der Abteilung für Onkologie und Hämatologie.

Alle 20 Personen nahmen an der Basiserhebung durch Daniel Grafenberger teil. Bei der Abschlusserhebung durch Stefanie Post konnten 17 vollständige Datensätze erhoben werden. Zwei Personen erklärte sich nicht bereit die gesamte Abschlusserhebung durchzuführen, was unvollständige Datensätze zur Folge hatte. Eine Person wollte die Abschlusserhebung nicht durchführen, dadurch fehlt dieser Datensatz zur Gänze (Post, 2025).

Für die Aufzeichnung der Gespräche zwischen teilnehmenden Personen der MBT-Schulung und Patient:innen der Abteilung für Psychiatrie wurden ausgewählte Personen jeder teilnehmenden Profession per Mail, telefonisch oder mündlich angefragt. Zwei der in der Stichprobe enthaltenen Personen erklärten sich bereit zu jeweils 4 Messzeitpunkten Patient:innengespräche aufzuzeichnen. Es handelt sich um eine männliche und eine weibliche Person, wobei eine Person Ärzt:in, und eine Person Sozialarbeiter:in ist. Durch die geringe Anzahl an teilnehmenden Personen ist es nicht möglich mehr Informationen über die Teilnehmer:innen der Patient:innengespräche offenzulegen, da ansonsten die Anonymität nicht gewährleistet wäre.

2.3 Messinstrumente

Die im folgenden Abschnitt beschriebenen Messinstrumente beinhalten alle Fragebögen und Interviewleitfäden, die von der Forschungsgruppe im Rahmen des aktuellen MBT-Projekts verwendet wurden. Nicht alle der angeführten Messinstrumente sind für die Ergebnisse dieser Arbeit relevant. Aus Gründen der Vollständigkeit werden jedoch alle erwähnt. Da das Projekt noch läuft, und weitere Erhebungen durch nachfolgende Kolleg:innen durchgeführt werden, ist dies notwendig. Insgesamt wurden ein soziodemografisches Datenblatt, das Brief Symptom Inventory 18 (BSI-18; Franke et al., 2010), der Reflective Functioning Questionnaire (RFQ-6; Spitzer et al., 2020), das Brief Reflective Functioning Interview (BRFI; Rudden et al., 2005, zitiert nach Taubner et al., 2019, S. 28), die Mentalization Scale (MentS; Dimitrijevic et al., 2018), die Brief Affective Neuroscience Personality Scales (BANPS-GL; Fuchshuber et al., 2023), die Levels of Emotional Awareness Scale (LEAS 4 Item Version; Subic-Wrana et al., 2001, zitiert nach Taubner et al., 2019, S. 30), der Affektwahrnehmung und Affektregulation Q-Sort-Test – deutsche Kurzversion (AREQ-K; Löffler-Stastka & Stigler, 2011), die Experiences in Close Relationsships – Revised (ECR-RD; Ehrenthal et al., 2009), die Working Alliance Inventory (WAIT/C; Wilmers et al., 2008), der German Version of the Countertransference Questionnaire (Löffler-Stastka & Grassl, 2006; Betan et al., 2005) und der Childhood Trauma Questionnaire (CTQ; Bernstein et al., 2003) verwendet.

2.3.1 Soziodemografisches Datenblatt

Das soziodemografische Datenblatt (Anhang A, im elektronischen Zusatzmaterial einsehbar) beinhaltet Fragen zur Person, sowie eine Einwilligungserklärung zur Verarbeitung der Daten durch das Forschungspersonal der Medizinischen Universität Wien und eine Aufklärung über datenschutzrechtliche Aspekte.

Die Kontaktdaten beinhalten Name, Kontakt (Mailadresse), und Wohnort. Für die Gewährleistung der Anonymität wurde von den Proband:innen ein Teilnehmerkürzel erstellt, welches sich aus dem ersten Buchstaben des Vornamens der Mutter, den letzten beiden Ziffern des Geburtsjahres, dem letzten Buchstaben des Vornamens der teilnehmenden Person, sowie dem Geburtsmonat als zweistellige Zahl des Vaters ergibt. Die weiteren Fragen zur Person betrafen Geschlecht, Alter, Geburtsdatum, Familienstand, Staatsangehörigkeit, höchster Bildungsabschluss, Beruf, Diagnosen, Medikamente, behandelnde:r Ärzt:in. Die letzten drei Kategorien waren für die Erhebungen der Patient:innen relevant und somit für die hier beschriebene Arbeit nicht ausschlaggebend. Die Teilnehmer:innen der Studie ließen diese Kategorien unbeantwortet.

Mit der Unterschrift der Einwilligung bestätigten die Proband:innen, dass sie freiwillig an der Studie teilnehmen, datenschutzrechtlich aufgeklärt wurden, und ihre Daten ausgewertet werden dürfen.

2.3.2 BRFI – Brief Reflective Functioning Interview

Das BRFI (Anhang B, im elektronischen Zusatzmaterial einsehbar), in diesem Fall die deutsche Version, ist ein strukturiertes Interview mit insgesamt zehn Fragen. Ursprünglich wurde die Reflective Functioning Skala von Fonagy et al. (1998, zitiert nach Rutimann & Meehan, 2012, S. 3) zur Bewertung der Mentalisierungsfähigkeit entwickelt. Die Fragen konzentrieren sich auf die Familie und fordern den:die Proband:in heraus Zusammenhänge zwischen dem Verhalten und der Erziehung der Eltern und den eigenen Persönlichkeitseigenschaften zu erkennen. Auch die Beziehung zu den Eltern und der Verlauf, sowie die Gründe dafür werden ins Zentrum der Befragung gerückt. Basierend auf den Transkripten der BRFI wurde der AREQ-K durch den:die Interviewer:in ausgefüllt. Dadurch fließt das BRFI in die Arbeit mit ein.

2.3.3 LEAS – 4 Item Version – Levels of Emotional Awareness Scale

Die LEAS – 4 Item Version (Anhang C, im elektronischen Zusatzmaterial einsehbar) beinhaltet vier Szenarien, in welchen immer zwei Personen vorkommen. Der:die Proband:in identifiziert sich mit dem:der Protagonist:in und soll Aussagen über die jeweiligen Gefühlsreaktionen der Personen in den Szenarien machen. Die Aufgabe besteht darin die Szenarien zu lesen, und anschließend anzugeben, wie man sich selbst in dieser Situation fühlen würde, und wie sich das Gegenüber in dieser Situation fühlen würde (Subic-Wrana et al., 2001). Basierend auf den Transkripten der LEAS wurde der AREQ-K durch den:die Interviewer:in ausgefüllt. Dadurch fließt die LEAS in die Arbeit mit ein.

2.3.4 RFQ-6 – Reflective Functioning Questionnaire

Der RFQ-6 (Anhang D, im elektronischen Zusatzmaterial einsehbar) beinhaltet sechs Aussagen, welche von 1 (Stimme gar nicht zu), bis 7 (Stimme völlig zu), von dem:der Proband:in bewertet werden müssen. Es handelt sich um ein Selbstbeurteilungsverfahren zur Evaluierung der Mentalisierungsfähigkeit (Spitzer et al., 2020). Die Ergebnisse des RFQ-6 fließen in die Arbeit ein.

2.3.5 BSI-18 – Brief Symptom Inventory

Das BSI-18 (Anhang G, im elektronischen Zusatzmaterial einsehbar) ist eine Kurzversion des Brief Symptom Inventory. Der Fragebogen beinhaltet die drei Bereiche Somatisierung, Depressivität, und Ängstlichkeit, mit jeweils sechs Items. Es handelt sich um ein Selbstbeurteilungsverfahren und zielt auf die Intensität der Beschwerden im Zeitraum der letzten sieben Tage ab. Die 18 Symptome können von 0 (überhaupt nicht) bis 4 (sehr stark) bewertet werden (Franke et al., 2010). Die Ergebnisse des BSI-18 fließen in die Arbeit ein.

2.3.6 MentS – Mentalization Scale

Bei der MentS (Anhang E, im elektronischen Zusatzmaterial einsehbar) handelt es sich um einen Selbstbeurteilungsbogen zur Einschätzung der subjektiven Mentalisierungsfähigkeit. Der Fragebogen besteht aus 28 Behauptungen, die von 1 (trifft überhaupt nicht zu) bis 5 (trifft voll zu) bewertet werden können. Der Fragebogen misst das Verständnis der eigenen mentalen Zustände, das Erkennen und Nachvollziehen der mentalen Zustände anderer Personen, sowie die Motivation zu mentalisieren und sich mit mentalen Zuständen zu befassen (Dimitrijevic et al., 2018). Die Ergebnisse des MentS fließen in die Arbeit ein.

2.3.7 BANPS-GL – Brief Affective Neuroscience Personality Scale

Die BANPS-GL ist eine Kurzversion der Affective Neuroscience Personality Scales (ANPS). Es handelt sich um einen Selbstbeurteilungsbogen zu primären Emotionen. Er beinhaltet die Kategorien SEEK(ING)/expectation, RAGE/anger, FEAR/anxiety, CARE/nurturance, PANIC/GRIEF/sadness, PLAY/joy, und LUST/sexual pleasure. Der Fragebogen beinhaltet 38 Items, die von 1 (starke Ablehung) bis 5 (starke Zustimmung) beantwortet werden können (Fuchshuber et al., 2023). Die Ergebnisse des BANPS-GL fließen nicht in die Arbeit ein.

2.3.8 AREQ-K – Affektwahrnehmung und Affektregulation Q-Sort-Test

Der AREQ-K (Anhang F, im elektronischen Zusatzmaterial einsehbar) integriert Affektwahrnehmung und Affektregulation in Form eines Expert:innenratings. Es handelt sich um eine Version mit 27 Items anstatt der 98 Items in der Gesamtversion. Insgesamt gibt es sechs Faktoren, wobei sich drei mit dem Bereich Affektwahrnehmung (sozialisiert negativer Affekt, positiver Affekt, intensiv negativer Affekt), und drei mit dem Bereich Affektregulation (realitätsfokussierte Antworten, externalisierende Abwehr, vermeidende Abwehr) befassen. Die Items werden von 1 (trifft überhaupt nicht zu) bis 5 (trifft voll zu) bewertet (Löffler-Stastka & Stigler, 2011). Die Ergebnisse des AREQ-K fließen in die Arbeit ein.

2.3.9 ECR-RD – Experiences in Close Relationships

Der ECR-RD ist ein Fragebogen zur Evaluierung von partnerschaftsbezogenen Bindungsstrategien. Er beinhaltet 8 Aussagen zum Thema Partnerschaft, welche von 1 (stimme gar nicht zu) bis 7 (stimme völlig zu) bewertet werden können (Ehrenthal et al., 2009). Die Ergebnisse des ECR-RD fließen nicht in die Arbeit ein, da das Personal nicht dazu befragt wurde.

2.3.10 WAIT/C - Working Alliance Inventory

Die Working Alliance Inventory beinhaltet Aussagen über Aspekte der therapeutischen Arbeitsbeziehung zwischen Therapeut:in und Patient:in. Der Fragebogen existiert in zwei Ausführungen, da er von dem:der Behandler:in und dem:der Patient:in ausgefüllt wird. Er beinhaltet 16 Items die in fünf Abstufungen von 1 (selten) bis 5 (immer) bewertet werden können. Die Items werden in den Kategorien Bindung, Prozess, und Ziele zusammengefasst (Wilmers et al., 2008). Die Ergebnisse des WAIT/C fließen nicht in die Arbeit ein, da das Personal nicht dazu befragt wurde.

2.3.11 CTQ - Childhood Trauma Questionnaire

Der CTQ besteht aus fünf Unterskalen (emotionale Misshandlung, körperliche Misshandlung, sexueller Missbrauch, emotionale Vernachlässigung, körperliche Vernachlässigung). Diesen Unterkategorien sind jeweils fünf Items zugeordnet. Zusätzlich gibt es eine Bagatellisierungsskala mit drei Items. Jedes Item kann durch den:die Proband:in von 1 (überhaupt nicht) bis 5 (sehr häufig) bewertet werden. Dementsprechend ergeben sich für jede Unterkategorie ein Gesamtwert von 5 (keine Misshandlung in der Kindheit und Jugend) bis 25 (extreme Erfahrungen von Misshandlungen). Bei diesem Fragebogen handelt sich um das am häufigsten eingesetzte Bewertungsinstrument zur Erhebung von Misshandlungen bei Kindern und Jugendlichen (Bernstein et al., 2003). Die Ergebnisse des CTQ fließen nicht in die Arbeit ein, da das Personal nicht dazu befragt wurde.

2.3.12 German Version of the Countertransference Questionnaire

Der Fragebogen zur Gegenübertragung besteht aus 79 Aussagen zu möglichen Gefühlen oder Reaktionen des:der Therapeut:in in Bezug auf den:die Patient:in. Die Items können von 1 (trifft nicht zu) bis 5 (trifft sehr zu) bewertet werden. Der Fragebogen behandelt Gedanken, Gefühle und Verhaltensweisen gegenüber der behandelten Person. Er ist in acht Dimensionen unterteilt (overwhelmed/disorganized, helpless/inadequate, positive, special/overinvolved, sexualized, disengaged, parental/protective, criticized/mistreated) (Löffler-Stastka & Grassl, 2006; Betan et al., 2005).

2.4 Durchführung der Datenerhebung

Zum Beginn der Erhebung wurde mit jeder der 20 Personen, die sich schriftlich per Mail oder telefonisch dazu bereiterklärte an der Studie teilzunehmen ein Termin für die Basiserhebung vereinbart, der mit circa 60 Minuten angegeben wurde. Die Termine mit den Mitarbeiter:innen der verschiedenen Abteilungen wurden in den Räumlichkeiten der jeweiligen Abteilung vereinbart, sodass alle Erhebungen während der Arbeitszeit stattfinden konnten und das Personal wenig Einschränkungen im Arbeitsalltag hinnehmen musste. Zu der Basiserhebung wurden das soziodemografische Datenblatt mit Einwilligungserklärung, ein Ausdruck des BRFI und der LEAS für die Interviews, sowie jeweils ein Ausdruck des MentS, BSI-18, BANPS-GL, und RFQ-6 mitgebracht. Die Proband:innen wurden zunächst gebeten das soziodemografische Datenblatt wahrheitsgemäß auszufüllen und anschließend über datenschutzrechtliche Vorgaben, sowie die Möglichkeit jederzeit aus der Studie auszusteigen informiert. Den Proband:innen wurde kommuniziert, dass der Ausstieg die vollständige Löschung der bisher erhobenen Daten zur Folge hätte, falls dies gewünscht wird. Die Proband:innen wurden darüber aufgeklärt und um Einverständnis gebeten die Beantwortung des BRFI, sowie der LEAS mit einem Aufnahmegerät der Klinik Favoriten aufzuzeichnen, anschließend zu transkribieren und für die Studie zu verwenden.

Anschließend wurden das BRFI geführt, und die LEAS beantwortet. Es wurde den Proband:innen freigestellt eine kurze Pause zwischen den beiden Erhebungen zu machen. Nach Abschluss der Gespräche wurden den Proband:innen die genannten Fragebögen erklärt und mitgegeben, sodass diese selbstständig ohne Aufsicht zu einem Zeitpunkt an dem sich die Proband:innen zeitnehmen können ausgefüllt werden konnten. Die Proband:innen wurden gebeten sich telefonisch oder per Mail zu melden, sobald die Fragebögen ausgefüllt und abholbereit waren.

Anschließend an die Basiserhebung wurde von Daniel Grafenberger der AREQ-K, basierend auf den zuvor geführten Gesprächen, ausgefüllt. Die aufgezeichneten Gespräche wurden in Microsoft Word transkribiert. Die aufgezeichneten Gespräche und die Transkripte wurden auf eine mit Passwort geschützte Festplatte der Klinik Favoriten übertragen. Von den Inhalten der Festplatte wurde regelmäßig ein Backup erstellt. Die Daten der Fragebögen wurden in einer Microsoft Excel Liste gesammelt, die ebenfalls auf der Festplatte in anonymisierter Form gespeichert war. Die Diktiergeräte, die Festplatte mit den gesammelten Daten, sowie die händisch ausgefüllten Fragebögen wurden in anonymisierter Form in einem sperrbaren Schrank der Klinik Favoriten aufbewahrt, zu welchem lediglich das Forschungsteam, sowie Mitarbeiter:innen des Sekretariats Zugang hatten.

Die Abschlusserhebung wurde nach Abschluss der MBT-Schulung von Jänner bis März 2025 von Stefanie Post durchgeführt. Der Ablauf der Abschlusserhebung war identisch mit dem der Basiserhebung. Der einzige Unterschied war, dass die Fragebögen von den Teilnehmenden, wie bei Post (2025) beschrieben, vor dem Interviewtermin ausgefüllt wurden und beim Termin des Gesprächs abgegeben wurden. Sowohl die erhobenen Fragebögen als auch das Prozedere der Datensammlung waren identisch.

Die Erhebung des qualitativen Teils durch Daniel Grafenberger streckte sich über die gesamte Dauer der MBT-Schulung. Die zwei in Abschnitt 2.2 (Stichprobe) genannten Personen, die sich bereiterklärten Patient:innengespräche aufzuzeichnen wurden zu vier Zeitpunkten (ein Termin pro Quartal) von Daniel Grafenberger kontaktiert. Es wurde ein Termin vereinbart, an welchem das Diktiergerät, welches auch für die oben beschriebenen Erhebungen verwendet wurde, an die jeweilige Person übergeben wurde. Diese führte anschließend ein fünf- bis zehnminütiges Gespräch mit einem oder einer der Person bekannten Patient:in. Die Kriterien für das Gespräch waren, dass es sich um keinen Erstkontakt, und kein Abschlussgespräch handelt. Zudem musste der:die Patient:in in mündlicher Form und auf dem Diktiergerät aufgenommen dem Gespräch zustimmen. Der Inhalt des Gesprächs war nicht vorgegeben und wurde dem:der Proband:in überlassen. Nach Abschluss des Gesprächs wurde von dem:der Proband:in der MentS zur Einschätzung der subjektiven Mentalisierung in Bezug auf das geführte Gespräch ausgefüllt. Daniel Grafenberger füllte basierend auf der Tonbandaufnahme den AREQ-K aus. Die Datensammlung funktionierte wie bei der Basiserhebung, und der Abschlusserhebung.

2.5 Statistische Methoden

Für die Auswertung der Daten wurde das Programm IBM SPSS Statistics verwendet. Die auf der Festplatte in anonymisierter Form gespeicherte Excel-Datei mit den Daten der Basis- und Abschlusserhebung wurde in SPSS übertragen. Für die Arbeit sind die Fragebögen RFQ-6, BSI-18, MentS, sowie AREQ-K relevant. Für alle Fragebögen wurde der Mittelwert des jeweiligen gesamten Fragebogens ermittelt. Der Fragebogen MentS teilt sich in Subkategorien. Die Subkategorien MentS-S (self-related-mentalization; Items: 21, 22, 11, 8, 18, 14, 26, 19), MentS-O (other-related-mentalization; Items: 12, 10, 3, 23, 5, 20, 25, 6, 2, 28), sowie MentS-M (motivation-to-mentalize; Items: 9, 4, 27, 24, 16, 13,

17, 1, 7, 15) wurden extra berechnet, um mit den Subkategorien weiterarbeiten zu können. Der AREQ-K unterteilt sich in die Subkategorien „sozialisiert negativer Affekt“, „positiver Affekt“, „intensiv negativer Affekt“, „realitätsfokussierte Antwort“, „externalisierende Abwehr“, und „vermeidende Abwehr“. Diese sechs Subkategorien wurden ebenfalls extra berechnet, um mit den Subkategorien weiterarbeiten zu können.

Anschließend wurde der Shapiro-Wilk-Test auf alle Fragebögen gesamt und in den Subkategorien angewendet, um zu eruieren, ob diese normalverteilt ($p \geq 0.05$) sind oder nicht ($p < 0.05$). Auf Grund der geringen Stichprobe wird statt dem T-Test für verbundene Stichproben der robustere Wilcoxon-Vorzeichen-Rang-Test verwendet. Für die Untersuchung der Symptombelastung im Zusammenhang mit der Mentalisierungsfähigkeit wird die Rangkorrelation nach Spearman verwendet.

2.6 Datenschutz

Alle Proband:innen wurden vor Beginn der Erhebung über die Art der Erhebung, der Datensammlung, und der Datenverwertung aufgeklärt. Alle Daten wurden kodiert und ausschließlich in anonymisierter Form verwendet. Die Diktiergeräte, sowie ein Laptop zur Verarbeitung der Daten wurden zu jeder Zeit in den Räumlichkeiten der Klinik Favoriten versperrt aufbewahrt. Die Daten wurden erst in anonymisierter Form auf private Rechner der Forschungsgruppe übertragen. Die Aufnahmen der Gespräche wurden nach der Übertragung auf den Laptop vom Aufnahmegerät gelöscht.

Die Proband:innen wurden darüber aufgeklärt, dass sie die Teilnahme an der Studie jederzeit, und ohne Angabe von Gründen abbrechen können, was die vollständige Löschung ihrer Daten zur Folge hätte.

2.7 Ethikkommission

Die Nummer der Ethikkommission lautet EK 16-152-VK bei der Ethikkommission der Stadt Wien.

3 Ergebnisse

Im folgenden Kapitel werden die Ergebnisse zur Forschungsfrage präsentiert, inwieweit die MBT-Schulung an der Klinik Favoriten einen Einfluss auf die Mentalisierungsfähigkeit, die Affektwahrnehmung, und die Symptombelastung der an der Schulung und der Begleitforschung teilnehmenden Mitarbeiter:innen hatte. Für eine klare Strukturierung werden die einzelnen ausgewerteten Fragebögen (BSI-18, RFQ-6, MentS, und AREQ-K) nacheinander in ihrer Gesamtheit, und wenn gegeben in den jeweiligen Subkategorien betrachtet. Als Signifikantsniveau wird $p < 0.05$ angenommen.

3.1 Mentalisierungsfähigkeit

Zur Bewertung der Mentalisierungsfähigkeit wurden der RFQ-6, sowie der MentS herangezogen.

Für den RFQ-6 wurde der Shapiro-Wilk-Test zur Überprüfung der Normalverteilung ($p \geq 0.05$) angewendet.

Tests of Normality

	Kolmogorov-Smirnov			Shapiro-Wilk		
	Statistic	df	Sig.	Statistic	df	Sig.
Gesamt_RFQ_1	.129	17	.200	.920	17	.148
Gesamt_RFQ_2	.259	17	.004	.765	17	<.001

Abbildung 3.1 Shapiro-Wilk-Test für RFQ-6

D. Grafenberger, *Der Einfluss von Mentalisierungsfortbildungen auf die Mentalisierungsfähigkeit, Affektwahrnehmung und Symptombelastung*, https://doi.org/10.1007/978-3-658-51847-9_3

Der Shapiro-Wilk-Test zeigt, dass die Daten nicht normalverteilt sind, da der p-Wert für „Gesamt_RFQ_2" < 0.05 ist (Abbildung 3.1, Shapiro-Wilk-Test für RFQ-6). Für die weitere Bearbeitung der Daten wird der Wilcoxon-Vorzeichen-Rang-Test verwendet.

Der Wilcoxon-Vorzeichen-Rang-Test ergibt einen p-Wert von 0.135 (Abbildung 3.2, Wilcoxon-Vorzeichen.-Rang-Test für RFQ-6). Es kann keine signifikante Veränderung zwischen den beiden Messzeitpunkten angenommen werden. Die Effektgröße, berechnet aus dem z-Wert und N, ergibt $r = -0.36$. Dies entspricht einem mittleren Effekt.

Abbildung 3.2 Wilcoxon-Vorzeichen-Rang-Test für RFQ-6

Related-Samples Wilcoxon Signed Rank Test Summary

Total N	17
Test Statistic	45.000
Standard Error	21.059
Standardized Test Statistic	-1.496
Asymptotic Sig.(2-sided test)	.135

Der Shapiro-Wilk-Test für den MentS ergibt, dass dieser normalverteilt ist (Abbildung 3.3, Shapiro-Wilk-Test für MentS). Auf Grund der geringen Stichprobe werden dennoch die weiteren Berechnungen mit dem Wilcoxon-Vorzeichen-Rang-Test durchgeführt.

Tests of Normality

	Kolmogorov-Smirnov			Shapiro-Wilk		
	Statistic	df	Sig.	Statistic	df	Sig.
Gesamt_MentS_1_neu	.139	17	.200	.941	17	.326
Gesamt_MentS_2_neu	.122	17	.200	.967	17	.771

Abbildung 3.3 Shapiro-Wilk-Test für MentS

Wie in Abbildung 3.4 (Abbildung 3.4, Wilcoxon-Vorzeichen-Rang-Test für MentS) ersichtlich ergibt der Wilcoxon-Vorzeichen-Rang-Test einen nicht signifikanten Unterschied zwischen den beiden Messzeitpunkten ($p = 0.123$). Die Effektgröße ergibt $r = 0.37$ und entspricht somit einem mittleren Effekt.

Abbildung 3.4 Wilcoxon-Vorzeichen-Rang-Test für MentS

Related-Samples Wilcoxon Signed Rank Test Summary

Total N	17
Test Statistic	109.000
Standard Error	21.089
Standardized Test Statistic	1.541
Asymptotic Sig.(2-sided test)	.123

Für die drei Subkategorien des MentS (MentS-S, MentS-O, MentS-M) ergibt der Shapiro-Wilk -Test bei MentS-S eine Normalverteilung der Daten (Abbildung 3.5, Shapiro-Wilk-Test für MentS-S). Bei MentS-O, und MentS-M besteht keine Normalverteilung (Abbildung 3.6, Shapiro-Wilk-Test für MentS-O; Abbildung 3.7, Shapiro-Wilk-Test für MentS-M). Aus Gründen der Einheitlichkeit werden die Daten aller drei Subkategorien mit dem Wilcoxon-Vorzeichen-Rang-Test berechnet.

Tests of Normality

	Kolmogorov-Smirnov			Shapiro-Wilk		
	Statistic	df	Sig.	Statistic	df	Sig.
MentS_S_1	.165	17	.200	.946	17	.396
MentS_S_2	.156	17	.200	.937	17	.289

Abbildung 3.5 Shapiro-Wilk-Test für MentS-S

Tests of Normality

	Kolmogorov-Smirnov			Shapiro-Wilk		
	Statistic	df	Sig.	Statistic	df	Sig.
MentS_O_1	.186	17	.122	.880	17	.032
MentS_O_2	.148	17	.200	.884	17	.037

Abbildung 3.6 Shapiro-Wilk-Test für MentS-O

Tests of Normality

	Kolmogorov-Smirnov			Shapiro-Wilk		
	Statistic	df	Sig.	Statistic	df	Sig.
MentS_M_1_neu	.252	17	.005	.907	17	.089
MentS_M_2_neu	.172	17	.196	.874	17	.025

Abbildung 3.7 Shapiro-Wilk-Test für MentS-M

Der Wilcoxon-Vorzeichen-Rang-Test für die Subkategorie MentS-S (Abbildung 3.8, Wilcoxon-Vorzeichen-Rang-Test für MentS-S) zeigt mit p = 0.046 eine signifikante Veränderung im Bereich der Selbstmentalisierung zwischen den Messzeitpunkten. Die Effektgröße beträgt r = 0.48 und entspricht somit einem mittleren Effekt.

Abbildung 3.8 Wilcoxon-Vorzeichen-Rang-Test für MentS-S

Related-Samples Wilcoxon Signed Rank Test Summary

Total N	17
Test Statistic	106.500
Standard Error	19.258
Standardized Test Statistic	1.999
Asymptotic Sig.(2-sided test)	.046

Für die Subkategorien MentS-O (p = 0.795; r = 0.06) und MentS-M (p = 0.161, r = 0.34) kann kein signifikanter Unterschied angenommen werden(Abbildung 3.9, Wilcoxon-Vorzeichen-Rang-Test für MentS-O; Abbildung 3.10, Wilcoxon-Vorzeichen-Rang-Test für MentS-M). Die Effektgröße des MentS-M ergibt einen mittleren Effekt.

Abbildung 3.9 Wilcoxon-Vorzeichen-Rang-Test für MentS-O

Related-Samples Wilcoxon Signed Rank Test Summary

Total N	17
Test Statistic	73.000
Standard Error	19.284
Standardized Test Statistic	.259
Asymptotic Sig.(2-sided test)	.795

Abbildung 3.10 Wilcoxon-Vorzeichen-Rang-Test für MentS-M

Related-Samples Wilcoxon Signed Rank Test Summary

Total N	17
Test Statistic	95.000
Standard Error	19.268
Standardized Test Statistic	1.401
Asymptotic Sig.(2-sided test)	.161

3.1.1 Interpretation Mentalisierungsfähigkeit

Die Auswertung der Fragebögen RFQ-6 und MentS zur Evaluierung der Veränderung der Mentalisierungsfähigkeit zwischen den beiden Messzeitpunkten ergab bis auf ein Ergebnis keine signifikanten Veränderungen. Die einzige signifikante Veränderung konnte bei der Subkategorie Selbstmentalisation des MentS beobachtet werden. Die Ergebnisse der Effektgrößen von RFQ-6, MentS, MentS-S, sowie MentS-M ergaben mittlere Effekte. Dies lässt darauf schließen, dass mit einer größeren Stichprobe eventuell eine signifikante Veränderung der Mentalisierungsfähigkeit messbar wäre. Die Ergebnisse des MentS-S zeigen, dass die Fähigkeit sich selbst zu mentalisieren nach der MBT-Schulung signifikant besser war als davor. Die MBT-Schulung hatte einen geringen Einfluss auf die Mentalisierungsfähigkeit.

3.2 Affektwahrnehmung und Affektregulation

Für die Bewertung der Affektwahrnehmung wurde der AREQ-K herangezogen. Zur Bewertung der Affektwahrnehmung und Affektregulation werden die Unterschiede der Subkategorien berechnet. Fünf der sechs Subkategorien des AREQ-K sind nicht normalverteilt. Aus Gründen der Einheitlichkeit wird für alle Subkategorien ebenfalls der Wilcoxon-Vorzeichen-Rang-Test verwendet (Abbildung 3.11, Shapiro-Wilk-Test für soz_neg_Affekt_AREQK; Abbildung 3.12 Shapiro-Wilk-Test für pos_Affekt_AREQK; Abbildung 3.13 Shapiro-Wilk-Test für int_neg_Affekt_AREQK; Abbildung 3.14 Shapiro-Wilk-Test für real_Antwort_AREQK; Abbildung 3.15 Shapiro-Wilk-Test für extern_Abwehr_AREQK; Abbildung 3.16 Shapiro-Wilk-Test für verm_Abwehr_AREQK).

Tests of Normality

	Kolmogorov-Smirnov			Shapiro-Wilk		
	Statistic	df	Sig.	Statistic	df	Sig.
soz_neg_Affekt_AREQK_1	.204	18	.045	.812	18	.002
soz_neg_Affekt_AREQK_2	.428	18	<.001	.616	18	<.001

Abbildung 3.11 Shapiro-Wilk-Test für soz_neg_Affekt_AREQK

Tests of Normality

	Kolmogorov-Smirnov			Shapiro-Wilk		
	Statistic	df	Sig.	Statistic	df	Sig.
pos_Affekt_AREQK_1	.138	18	.200	.948	18	.396
pos_Affekt_AREQK_2	.132	18	.200	.940	18	.294

Abbildung 3.12 Shapiro-Wilk-Test für pos_Affekt_AREQK

Die Subkategorie „sozialisiert negativer Affekt" ergibt mit p = 0.031 eine signifikante Veränderung zwischen den Messzeitpunkten (Abbildung 3.17, Wilcoxon-Vorzeichen-Rang-Test für soz_neg_Affekt). Die Effektgröße beträgt r = –0.51, dies lässt auf einen großen Effekt schließen. Die Subkategorie „positiver Affekt" ergibt mit p = 0.002 eine signifikante Veränderung zwischen den Messzeitpunkten (Abbildung 3.18, Wilcoxon-Vorzeichen-Rang-Test für pos_Affekt). Die Effektgröße beträgt r = 0.73, dies lässt auf einen großen Effekt schließen. Bei Der Subkategorie „intensiv negativer Affekt" lässt sich ebenfalls

Tests of Normality

	Kolmogorov-Smirnov			Shapiro-Wilk		
	Statistic	df	Sig.	Statistic	df	Sig.
int_neg_Affekt_AREQK_1	.158	18	.200	.948	18	.393
int_neg_Affekt_AREQK_2	.171	18	.175	.867	18	.016

Abbildung 3.13 Shapiro-Wilk-Test für int_neg_Affekt_AREQK

Tests of Normality

	Kolmogorov-Smirnov			Shapiro-Wilk		
	Statistic	df	Sig.	Statistic	df	Sig.
real_Antwort_AREQK_1	.172	18	.168	.893	18	.043
real_Antwort_AREQK_2	.239	18	.008	.813	18	.002

Abbildung 3.14 Shapiro-Wilk-Test für real_Antwort_AREQK

Tests of Normality

	Kolmogorov-Smirnov			Shapiro-Wilk		
	Statistic	df	Sig.	Statistic	df	Sig.
extern_Abwehr_AREQK_1	.338	18	<.001	.679	18	<.001
extern_Abwehr_AREQK_2	.472	18	<.001	.551	18	<.001

Abbildung 3.15 Shapiro-Wilk-Test für extern_Abwehr_AREQK

Tests of Normality

	Kolmogorov-Smirnov			Shapiro-Wilk		
	Statistic	df	Sig.	Statistic	df	Sig.
verm_Abwehr_AREQK_1	.367	18	<.001	.697	18	<.001
verm_Abwehr_AREQK_2	.211	18	.033	.812	18	.002

Abbildung 3.16 Shapiro-Wilk-Test für verm_Abwehr_AREQK

ein signifikanter Unterschied bestätigen ($p = 0.001$) (Abbildung 3.19, Wilcoxon-Vorzeichen-Rang-Test für int_neg_Affekt). Die Effektgröße beträgt $r = -0.88$ und spricht somit für einen großen Effekt. Die Subkategorie „realitätsfokussierte Antwort" zeigt einen signifikanten Unterschied ($p = 0.001$) (Abbildung 3.20, Wilcoxon-Vorzeichen-Rang-Test für real_Antwort). Die Effektgröße beträgt $r =$

0.86, das entspricht einem großen Effekt. Für die Subkategorie „externalisierende Abwehr“ konnte keine signifikante Veränderung festgestellt werden ($p = 0.509$) (Abbildung 3.21, Wilcoxon-Vorzeichen-Rang-Test für extern_Abwehr). Die Effektgröße ergibt einen geringen Effekt ($r = -0.14$). Bei der Subkategorie „vermeidende Abwehr“ kann wieder eine signifikante Veränderung zwischen den Messzeitpunkten beobachtet werden ($p = 0.007$) (Abbildung 3.22, Wilcoxon-Vorzeichen-Rang-Test für verm_Abwehr). Die Effektgröße beträgt $r = 0.64$, das entspricht einem großen Effekt. In diesem Fall ist dieser jedoch nicht positiv zu bewerten. Die Ergebnisse haben sich in dieser Subkategorie signifikant verschlechtert.

Abbildung 3.17 Wilcoxon-Vorzeichen-Rang-Test für soz_neg_Affekt

Related-Samples Wilcoxon Signed Rank Test Summary

Total N	18
Test Statistic	9.000
Standard Error	11.130
Standardized Test Statistic	-2.156
Asymptotic Sig.(2-sided test)	.031

Abbildung 3.18 Wilcoxon-Vorzeichen-Rang-Test für pos_Affekt

Related-Samples Wilcoxon Signed Rank Test Summary

Total N	18
Test Statistic	141.500
Standard Error	21.051
Standardized Test Statistic	3.088
Asymptotic Sig.(2-sided test)	.002

Abbildung 3.19
Wilcoxon-Vorzeichen-Rang-Test für int_neg_Affekt

Related-Samples Wilcoxon Signed Rank Test Summary

Total N	18
Test Statistic	.000
Standard Error	22.798
Standardized Test Statistic	-3.750
Asymptotic Sig.(2-sided test)	<.001

Abbildung 3.20
Wilcoxon-Vorzeichen-Rang-Test für real_Antwort

Related-Samples Wilcoxon Signed Rank Test Summary

Total N	18
Test Statistic	153.000
Standard Error	21.045
Standardized Test Statistic	3.635
Asymptotic Sig.(2-sided test)	<.001

Abbildung 3.21
Wilcoxon-Vorzeichen-Rang-Test für extern_Abwehr

Related-Samples Wilcoxon Signed Rank Test Summary

Total N	18
Test Statistic	17.000
Standard Error	8.329
Standardized Test Statistic	-.660
Asymptotic Sig.(2-sided test)	.509

Abbildung 3.22
Wilcoxon-Vorzeichen-Rang-Test für verm_Abwehr

Related-Samples Wilcoxon Signed Rank Test Summary

Total N	18
Test Statistic	63.000
Standard Error	11.079
Standardized Test Statistic	2.708
Asymptotic Sig.(2-sided test)	.007

3.2.1 Interpretation Affektwahrnehmung und Affektregulation

Die Datenauswertung ergab eine signifikante Veränderung in den Bereichen „sozialisiert negativer Affekt", „positiver Affekt", „intensiv negativer Affekt" und „realitätsfokussierte Antwort". Der sozialisiert negative Affekt behandelt die Art und Weise, wie Emotionen ausgedrückt werden, ob der emotionale Ausdruck angemessen und stimmig ist, und wie rasch sich Gefühle ändern. Die Subkategorie „positiver Affekt" bewertet, wie intensiv angenehme Emotionen erlebt werden, wie qualitäts- und intensitätsmäßig diese angemessen sind und ob eine Person dazu neigt sich glücklich zu fühlen. Die Subkategorie „intensiv negativer Affekt" beinhaltet die Schwierigkeit Positives zu erkennen, die Neigung zu Angst, und die Neigung zu intensivem Erleben negativer Emotionen. Die Subkategorie „realitätsfokussierte Antwort" bewertet die Fähigkeit sich Rat und Hilfe zu holen, die Fähigkeit auf Information und Fachwissen zurückzugreifen in aussichtslosen Situationen, die Fähigkeit zu reflektieren, ohne dass die Emotionen die Überhand gewinnen, die Fähigkeit Impulse auf gesellschaftlich wünschenswerte Art und Weise auszudrücken, sowie realistische Pläne zu entwickeln. In diesen Bereichen konnten die Proband:innen nach der MBT-Schulung bessere Werte erzielen als davor. Auch die Effektgrößen sprechen für einen positiven Einfluss der Fortbildung. Die Daten zeigen, dass die Mentalisierungsfortbildung einen positiven Effekt auf die Affektwahrnehmung und Affektregulation hatte.

In der Kategorie vermeidende Abwehr wurde ebenfalls ein signifikanter Unterschied erkannt, jedoch in die negative Richtung. Hier schnitten die Proband:innen zum zweiten Messzeitpunkt schlechter ab als bei der Basiserhebung. Die Subkategorie beinhaltet die Neigung Dinge zu vermeiden, die angstbehaftet sind, die Neigung ängstlich zu werden, wenn sich die tägliche Routine ändert, und das vermehrte Auftreten von physischen Symptomen durch emotionale Konflikte. Es ist nicht anzunehmen, dass die MBT-Schulung einen negativen Effekt in diesem Bereich auf die Proband:innen hatte, dieses unerwartete Ergebnis könnte durch verschiedene Faktoren beeinflusst werden, welche in der anschließenden Diskussion genauer beleuchtet werden.

3.3 Symptombelastung

Für die Untersuchung der Auswirkung auf die Symptombelastung der Proband:innen wurde der BSI-18 angewendet. Dieser bewertet die Symptombelastung der letzten sieben Tage zum Zeitpunkt der Durchführung des Fragebogens durch den:die Proband:in. Um zu untersuchen, ob es eine Korrelation zwischen Symptombelastung und Mentalisierungsfähigkeit gibt, wurde eine Korrelation nach Spearman mit dem BSI-18 und dem MentS zu jedem der beiden Zeitpunkte durchgeführt.

Correlations

			Gesamt_BSI18_1	Gesamt_MentS_1_neu
Spearman's rho	Gesamt_BSI18_1	Correlation Coefficient	1.000	-.120
		Sig. (2-tailed)	.	.624
		N	20	19
	Gesamt_MentS_1_neu	Correlation Coefficient	-.120	1.000
		Sig. (2-tailed)	.624	.
		N	19	19

Abbildung 3.23 Korrelation nach Spearman für BSI18_1 und MentS_1

Wie in Abbildung 3.23 (Abbildung 3.23, Korrelation nach Spearman für BSI18_1 und MentS_1) sichtbar besteht kein signifikanter Zusammenhang zwischen der Symptombelastung und der Mentalisierungsfähigkeit zum Zeitpunkt der ersten Erhebung ($p = 0.624$). Der Korrelationskoeffizient $\rho = -0.120$ weist auf einen geringen negativen Zusammenhang hin.

Für den zweiten Messzeitpunkt ergibt die Korrelation nach Spearman einen signifikanten negativen Zusammenhang zwischen Mentalisierungsfähigkeit und Symptombelastung ($p = 0.022$, $\rho = -0.536$) (Abbildung 3.24, Korrelation nach Spearman für BSI18_2 und MentS_2).

Correlations

			Gesamt_BSI18_2	Gesamt_MentS_2_neu
Spearman's rho	Gesamt_BSI18_2	Correlation Coefficient	1.000	-.536*
		Sig. (2-tailed)	.	.022
		N	20	18
	Gesamt_MentS_2_neu	Correlation Coefficient	-.536*	1.000
		Sig. (2-tailed)	.022	.
		N	18	18

*. Correlation is significant at the 0.05 level (2-tailed).

Abbildung 3.24 Korrelation nach Spearman für BSI18_2 und MEntS_2

Um zu untersuchen, ob eine Veränderung in der Mentalisierungsfähigkeit eine Veränderung der Symptombelastung bedeutet, wurden die Differenzwerte der beiden Messzeitpunkte für BSI-18 und MentS berechnet und anschließend mit diesen eine Korrelation nach Spearman durchgeführt.

Correlations

			Delta_BSI18	Delta_DMentS
Spearman's rho	Delta_BSI18	Correlation Coefficient	1.000	-.345
		Sig. (2-tailed)	.	.175
		N	20	17
	Delta_DMentS	Correlation Coefficient	-.345	1.000
		Sig. (2-tailed)	.175	.
		N	17	17

Abbildung 3.25 Korrelation nach Spearman für Delta_BSI18 und Delta_MentS

Die Korrelation der Veränderungswerte ist nicht signifikant ($p = 0.175$, $\rho = -0.345$). Es zeigt sich ein negativer Zusammenhang mittlerer Stärke (Abbildung 3.25, Korrelation nach Spearman für Delta_BSI18 und Delta MentS).

3.3.1 Interpretation Symptombelastung

Durch die Korrelation von Spearman konnte man einen negativen Zusammenhang zwischen Mentalisierungsfähigkeit und Symptombelastung erkennen. Es war zu erwarten, dass die Symptombelastung sinkt, je besser die Mentalisierungsfähigkeit ist. Bis auf die Korrelation zum zweiten Messzeitpunkt sind die Daten jedoch nicht signifikant. Dies kann an der geringen Stichprobe liegen. Auch die Veränderung über beide Messzeitpunkte zeigt, dass bei einer positiven Veränderung der Mentalisierungsfähigkeit eine negative Veränderung der Symptombelastung eintritt. Dieses Ergebnis ist ebenfalls nicht signifikant.

Diskussion

4

Die Begleitstudie zur MBT-Schulung an der Klinik Favoriten ergab, dass die Schulung auf die Mentalisierungsfähigkeit einen positiven mittleren Effekt hatte, jedoch nur die Selbstmentalisierung signifikant besser wurde. Auf die Affektwahrnehmung und Affektregulation der Proband:innen hatte die Schulung einen positiven und überwiegend signifikanten Einfluss, berechnet an den Subkategorien. In einer Subkategorie wurden die Ergebnisse jedoch auch signifikant schlechter. Bezüglich der Symptombelastung konnte bis auf die zweite Messung kein signifikanter Zusammenhang zwischen Mentalisierungsfähigkeit und Symptombelastung erzielt werden. Es zeichnet sich jedoch ab, dass eine Steigerung der Mentalisierungsfähigkeit mit einer Abnahme der Symptombelastung korreliert. Im folgenden Kapitel werden, die Limitationen, die Art der Datenerhebung, sowie ein Ausblick auf weiterführende Fragestellungen bearbeitet.

4.1 Limitationen

Für die MBT-Schulung waren ursprünglich 40 Personen aus verschiedenen Abteilungen der Klinik Favoriten angemeldet, wobei der überwiegende Anteil an Teilnehmenden von der Abteilung für Psychiatrie kam, da die Leitung dieser Abteilung federführend in der Planung und Umsetzung der Schulung war. Von den 40 kontaktierten Personen erklärten sich lediglich 20 Personen bereit an der Begleitforschung teilzunehmen. Wie im Ergebnisteil ersichtlich, war es nicht möglich alle 20 Personen vollständig zu erheben, wodurch die tatsächliche Stichprobe, abhängig vom Fragebogen, auf 17 bis 18 Proband:innen dezimiert wurde. Die Stichprobengröße könnte einen großen Einfluss auf die Ergebnisse der Studie

D. Grafenberger, *Der Einfluss von Mentalisierungsfortbildungen auf die Mentalisierungsfähigkeit, Affektwahrnehmung und Symptombelastung*,
https://doi.org/10.1007/978-3-658-51847-9_4

haben. Durch die geringe Teststärke, die hohe Varianz und die geringe Repräsentativität, sowie die eingeschränkte Generalisierbarkeit der Daten ist fraglich, wie aussagekräftig die Ergebnisse der Erhebung sind.

Neben der Stichprobengröße spielte auch die Motivation der Teilnehmenden eine Rolle. Es wurde rückgemeldet, dass sich die Anwesenheit an der MBT-Schulung unter den Proband:innen teilweise stark unterschied. Dem Forschungsteam lagen keine Anwesenheitslisten vor, sodass nicht eruiert werden konnte, welche Person wie oft an der Schulung teilnahm. Dadurch is fraglich, inwieweit die Ergebnisse der Studie mit der Schulung in Verbindung gebracht werden können.

Die Bereitschaft der Proband:innen an der Studie teilzunehmen war teilweise gering. Von manchen Personen wurde der Eindruck erweckt, dass sie sich verpflichtet fühlten, da die Schulung vom Arbeitgeber angeboten wurde. Auch die detaillierte Aufklärung vor Beginn der Erhebung konnte an einer nicht nachweisbaren, aber spürbaren Skepsis einiger Mitarbeiter:innen nichts ändern. Dies zeigte sich zum Beispiel durch ein kategorisches Freilassen von Antworten, die sich mit dem Thema Sexualität beschäftigten. Es ist nachvollziehbar, dass die Durchführung des BRFI emotional ist, da intime und vielleicht auch schmerzhafte Erinnerungen und Erlebnisse geteilt werden. Die Skepsis wird so interpretiert, dass mehrere Personen die Sorge hatten, dass diese persönlichen Inhalte innerhalb der Abteilung verbreitet werden könnten oder die Erzählungen einen Einfluss auf den Arbeitsplatz haben könnten. Manche Personen sprachen dies auch vor der Erhebung an, um sich rückzuversichern, dass dem nicht so ist.

Der nächste limitierende Faktor betrifft ebenfalls den Umstand, dass die Studie im Zusammenhang mit dem Arbeitsplatz der Proband:innen stand. Die zuvor beschriebene Skepsis gibt Grund zur Annahme, dass teilweise sozial erwünschte oder gesellschaftlich akzeptierte Antworten gegeben wurden. Auch die Fragebögen beinhalteten viele persönliche Inhalte, sodass es auch hier möglich ist, dass die Antworten gegeben wurden, um einen guten Eindruck zu erzeugen oder aus Sorge vor Arbeitsplatzverlust bzw. anderer Konsequenzen die Fragebögen nicht wahrheitsgemäß ausgefüllt wurden. Hierbei handelt es sich um Spekulation und es soll nicht der Eindruck erweckt werden, die Teilnehmenden hätten die Studie nicht ernst genommen. Es wird lediglich darauf hingewiesen, dass eine Skepsis spürbar war und sich diese auch in den Fragebögen zeigen könnte. Dadurch muss einmal mehr die Aussagekraft der erhobenen Daten kritisch betrachtet werden. Andererseits ist dies ein Problem, das auf jeden Selbstbeurteilungsfragebogen zutrifft, wenn die Proband:innen in der Lage sind zu erkennen, welche Antworten erwünscht sind.

Die beiden Erhebungen wurden in den Räumlichkeiten der Klinik Favoriten, in der Abteilung der jeweiligen Person durchgeführt. Der Vorteil dieser Methode war, dass der logistische Aufwand für die Proband:innen so gering wie möglich war und die Erhebungen während der Arbeitszeit stattfanden. Anders wäre es vermutlich schwierig gewesen die 20 Personen in diesen zwei kurzen Zeitabschnitten zu befragen. Das Vorgehen bringt aber auch problematische Aspekte mit sich. Die Personen befanden sich in ihrem strukturierten Tagesablauf. Der Krankenhausalltag erfordert Konzentration und Wachsamkeit. Die teilnehmenden Personen wurden für die Zeit der Erhebung (circa 30–60 Minuten) aus diesem Alltag gerissen und mussten sich plötzlich mit sich selbst, ihren Familien, und ihrer Mentalisierungsfähigkeit auseinandersetzen. Es ist unklar, welchen Einfluss dieser Umstand auf die Ergebnisse der Erhebungen hatte. Ebenfalls beleuchtet werden muss der Ort der Erhebungen. Es war für die Teilnehmenden und das Forschungsteam einfach die Klinik Favoriten zu wählen, es ist jedoch nicht auszuschließen, dass die Räumlichkeiten der Klinik und das Gefühl „im Dienst zu sein“, die Mentalisierungsfähigkeit, Affektwahrnehmung und Affektregulation negativ beeinflussten, da es um höchstpersönliche Dinge ging und nicht um Patient:innen.

Auch die Tagesverfassung der Proband:innen ist, vor allem, durch die geringe Stichprobengröße relevant. Dieses Problem ist im Bereich der Psychotherapieforschung allgegenwärtig und muss auch hier betont werden. Es ist möglich, dass die Tagesverfassung einen Einfluss auf die Performance der Proband:innen hatte. Da der BSI-18, welcher die Symptombelastung der letzten sieben Tage misst, nicht immer vor den Interviewterminen ausgefüllt wurde, gibt dieser keinen Aufschluss über den physischen und psychischen Zustand während der qualitativen Erhebung.

Die Basiserhebung wurde von Daniel Grafenberger, die Abschlusserhebung von Stefanie Post durchgeführt. Es ist wichtig anzumerken, dass zu beiden Messzeitpunkten jeweils die Person, die das Interview führte, auch die Fremdbewertung in Form des AREQ-K durchführte. Da es nicht möglich war das Rating durch eine unabhängige Person durchführen zu lassen kann nicht ausgeschlossen werden, dass Sympathie und persönliches Empfinden die Bewertungen beeinflussten. Die Ergebnisse des AREQ-K waren mehrheitlich signifikant. Bei der Abschlusserhebung schnitten die Proband:innen in gewissen Subkategorien bei allen Items besser ab als bei der Basiserhebung. Da die Ratings nicht von derselben Person durchgeführt wurden, kann nicht abgeschätzt werden, inwieweit die persönliche Einschätzung der beiden Rater das Ergebnis beeinflusste. Es ist klar, dass durch ein Rating eine subjektive Färbung gegeben ist. Da die Rater aber auch die Interviews führten, die sie selbst bewerteten und zu keinem Zeitpunkt ein zweites Rating durchgeführt wurde, ist fraglich wie aussagekräftig die Daten des AREQ-K in dieser Studie sind.

Um eine qualitativ bessere Erhebung zu gewährleisten, bräuchte es für zukünftige Studien eine größere Stichprobe, eine hohe Beteiligung an der Studie mit einer Aufzeichnung der absolvierten Schulungstage pro Teilnehmer:in und mehr Ressourcen für die Erhebung der Proband:innen. Es war aus zeitlichen und personellen Gründen nicht möglich die Interviews blind raten zu lassen, ebenso war es nicht möglich, dass eine Person beide Erhebungen durchführt. Eine bessere Kommunikation mit dem Personal durch die Forschungsgruppe, aber auch durch die Abteilungsleitung könnte eventuell zu weniger Skepsis führen, wodurch die Beteiligung an der Schulung, als auch an der Studie steigen könnte. Es war nicht möglich einen Anreiz zur Teilnahme an der Studie zu schaffen, bis auf die Bekanntgabe der individuellen Ergebnisse. Dies wird auch zukünftig nicht möglich sein, jedoch kann das Bewusstsein in der Belegschaft gestärkt werden, dass eine Evaluierung der Mentalisierungsfähigkeit positive Einflüsse auf die tägliche Arbeit haben kann, und eine Studie in diesem Bereich zeigen kann, wie sich die Arbeit mit den Patient:innen effektiver gestalten lässt.

4.2 Ausblick

Über den Zeitraum der Studie wurde von den fünf Mitgliedern der Forschungsgruppe eine Vielzahl an Daten erhoben, wovon viele nicht in diese Arbeit einflossen. Drei Mitglieder der Forschungsgruppe konzentrierten sich ausschließlich auf die Erhebung von Daten zu Patient:innen. Durch Daniel Grafenberger wurden noch Patient:innengespräche zwischen Teilnehmenden der Studie und stationären Patient:innen der Abteilung für Psychiatrie aufgezeichnet. Aktuell finden immer noch Erhebungen in der Abteilung für Psychiatrie durch neue Kolleg:innen des Forschungsteams statt. Die Menge an unterschiedlichen Daten bietet die Möglichkeit für diverse Fragestellungen im Bereich der Mentalisierungsfähigkeit, der Affektwahrnehmung und auch im Zusammenhang mit der Behandlung der Patient:innen. Während in diesem Forschungsprojekt die Patient:innen und Mitarbeiter:innen getrennt untersucht wurden, ergeben sich spannende Fragen zum Einfluss der Mentalisierungsfähigkeit des Personal auf krankheitsspezifische Aspekte der Patient:innen.

Ebenfalls interessant wäre eine qualitative Auswertung der Basis- und Abschlusserhebung (BRFI, LEAS). In den Gesprächen konnte beobachtet werden, wie unterschiedlich die Proband:innen teilweise auf Fragen reagierten. Eine Analyse der gesagten Worte, der emotionalen Färbung der Gespräche oder der

Länge der Antworten wären spannende Themen. Auch die erhobenen Patient:innengespräche der beiden Proband:innen wurden bis zu diesem Zeitpunkt nicht qualitativ ausgewertet. Ein interessanter Schritt wäre für zukünftige Untersuchungen die Verbindung der Mentalisierungsfähigkeit des Personals mit den Auswirkungen auf die Patient:innen. Hier können qualitative Erhebungen dieser Art einen guten Beitrag leisten. Selbstverständlich ist die qualitative Auswertung dieser Daten mit einem hohen Zeitaufwand verbunden und benötigt viele Ressourcen, aus diesem Grund wurden die Erhebungen in dieser Arbeit auch nicht berücksichtigt. Kommende Forschungsgruppen können jedoch darauf zurückgreifen. Ein Vergleich zwischen den quantitativen Ergebnissen in den Bereichen Mentalisierungsfähigkeit und Affektwahrnehmung, sowie Affektregulation, und den qualitativen Ergebnissen wäre eine gute Möglichkeit die Daten in zukünftige Forschungsprojekte einzubeziehen. Auch eine Untersuchung der stationären Aufenthaltsdauer von Patient:innen in Korrelation mit der eigenen Mentalisierungsfähigkeit, sowie der Mentalisierungsfähigkeit der behandelnden Personen ergibt spannende Untersuchungsmöglichkeiten.

Eine Langzeitstudie über die Entwicklung der Mentalisierungsfähigkeit des Personal könnte auch interessante Daten liefern. Es wäre möglich zu beobachten, welche Professionen, Arbeitsumstände und persönliche Eigenschaften einen Einfluss auf die Mentalisierungsfähigkeit haben, außerhalb von spezifischen Schulungen wie im Fall dieser Begleitforschung.

Literaturverzeichnis

Bernstein, D. P., Ahluvalia, T., Newcomb, M. D., Pogge, D., Stein, J. A., & Walker, E. (2003). Development and validation of a brief screening version of the Childhood Trauma Questionnaire. *Child Abuse Negl., 27(2), 169–190.*

Betan, E., Conklin, C., Heim, A., Westen, D. (2005). Countertransference Phenomena and Personality Pathology in Clinical Practice: An Empirical Investigation. *Am. J. Psychiatry, 162, 890–898.*

Böckler-Raettig, A. (2019). *Theory of Mind.* utb.

Dimitrijević, A., Dimitrijević, A. A., Hanak, N., & Marjanović, Z. (2018). The Mentalization Scale (MentS): A Self-Report Measure for the Assessment of Mentalizing Capacity. *Journal of Personality Assessment, 100(3), 268–280.* https://doi.org/10.1080/00223891.2017.1310730

Ehrenthal, J. C., Dinger, U., Funken, B., Lamla, A., & Schauenburg, H. (2009). Evaluation der deutschsprachigen Version des Bindungsfragebogens „Experiences in Close Relationships – Revised" (ECR-RD). *Psychotherapie Psychosomatik Medizinische Psychologie, 59(6), 215–223.* https://doi.org/10.1055/s-2008-1067425

Ensink, K., Maheux, J., Normandin, L., Sabourin, S., Diguer, L., Berthelot, N., & Parent, K. (2013). The impact of mentalization training on the reflective function of novice therapists: a randomized controlled trial. *Psychotherapy research: journal of the Society for Psychotherapy Research, 23*(5), 526–538. https://doi.org/10.1080/10503307.2013.800950

Euler, S., & Walter, M. (2020). *Mentalisierungsbasierte Psychotherapie (MBT)* (2. Aktualisierte Auflage). Kohlhammer.

Fonagy, P., Gergely, G., Jurist, E. L., & Target, M. (2022). *Affektregulierung, Mentalisierung und die Entwicklung des Selbst* (8. Auflage). Klett-Cotta.

Franke, G. H., Ankerhold, A., Frommer, J., Haase, M., Jäger, S., Tögel, Ch., & Ulrich, C. (2010). Der Einsatz des Brief Symptom Inventory 18 (BSI-18) bei Psychotherapiepatienten. *Psychotherapie Psychosomatik Medizinische Psychologie, 61, 82–86.* https://doi.org/10.1055/s-0030-1270518

D. Grafenberger, *Der Einfluss von Mentalisierungsfortbildungen auf die Mentalisierungsfähigkeit, Affektwahrnehmung und Symptombelastung*,
https://doi.org/10.1007/978-3-658-51847-9

Fuchshuber, J., Andres, D., Freund, A., Roithmeier, L., Prandstätter, T., Schmautz, B., Schwerdtfeger, A., & Unterrainer, H-F. (2023). The German version of the brief affective neuroscience personality scales including a LUST scale (BANPS–GL). *Front. Hum. Neurosci.,* 17:1213156. https://doi.org/10.3389/fnhum.2023.1213156

Horn, R., Klaus, I., Stastka, K., & Löffler-Stastka, H. (2017). MASC to assess the mentalization capacity of therapists before and after a standardized MBT-training. *Conference of the Society for Psychotherapy Research, UK & European Chapters, 4th joint conference on "Psychotherapy practice and research: Finding the common ground".* Examination Schools, Oxford.

Horn, R., Klaus, I., Stastka, K., & Löffler-Stastka, H. (2018). MASC to assess the mentalizing capacity of clinicians and therapists before and after a standardized MBT-training. *Jahrestagung der Gesellschaft für Medizinische Ausbildung.* Wien.

Kirsch, H., & Brockmann, J. (2024). *Mentalisieren.* Psychosozial-Verlag.

Löffler-Stastka, H. & Grassl, R. (2006). Fragebogen zur Gegenübertragung. Manual. Medizinische Universität Wien.

Löffler-Stastka, H., & Stigler, K. (2011). Der Affektwahrnehmung und Affektregulation Q-Sort-Test (AREQ): Validierung und Kurzform. *Psychotherapie Psychosomatik Medizinische Psychologie, 61(5), 225–232.* https://doi.org/10.1055/s-0030-1263146

Löffler-Stastka, H., Datz, F., Horn, R., Klaus, I., Stastka, & K., Wolf, I. (2018). Empathy – a core competence for clinicians? A question of attitude, personality or competence development in Medical Education and Psychiatric Training. *Abstractbook zur Annual Conference of the international Association for Medical Education.* Basel.

Post, S. (2025). *Änderung der Mentalisierungsfähigkeit durch Weiterbildung* [Unveröffentlichte Masterarbeit]. Medizinische Universität Wien.

Rutimann, D. D., & Meehan, K. B. (2012). Validity of a Brief Interview for Assessing Reflective Function. *Journal of the American Psychoanalytic Association, 60*(3), 577–589. https://doi.org/10.1177/0003065112445616

Spitzer, C., Brähler, E., Euler, S., Müller, S., Wendt, L., & Zimmermann, J. (2021). Die deutsche Version des Reflective Functioning Questionnaire (RFQ): Eine teststatistische Überprüfung der Allgemeinbevölkerunng. *Psychotherapie Psychosomatik Medizinische Psychologie, 71(03/04), 124–131.* https://doi.org/10.1055/a-1234-6317

Steinmair, D., Löffer-Stastka, H., & Richter, F. (2020). Relationship between Mentalizing and Working Conditions in Health Care. *Int. J. Environ. Res. Public Health, 17(7).* https://doi.org/10.3390/ijerph17072420

Steinmair, D., Horn, R., Löffler-Stastka, H., Richter, F., & Wong, G. (2021). Mind reading improvements in mentalization-based therapy training. *Bull. Menninger Clin., 85(1), 59–82.* https://doi.org/10.1521/bumc.2021.85.1.59

Subic-Wrana, C., Huber, M., Koehle, K., & Walther, Th. (2001). Levels of Emotional Awareness Scale (LEAS). *Die Psychotherapie, 46(3), 176–181.* https://doi.org/10.1007/s002780100157

Taubner, S., Bateman, A. W., & Fonagy, P. (2019). *Mentalisierungsbasierte Therapie.* Hogrefe.

Wilmers, F., Barth, J., Herzog, Th., Leonhart, R., Linster, W., Munder, Th., & Plassmann, R. (2008). Die deutschsprachige Version des Working Alliance Inventory – short revised (WAI-SR) – Ein schulenübergreifendes, ökonomisches und empirisch validiertes Instrument zur Erfassung der therapeutischen Allianz. *Klin. Diagnostik u. Evaluation, 1, 343–358.*

FSC
www.fsc.org
MIX
Papier | Fördert
gute Waldnutzung
FSC® C083411

Kolibri 360 GmbH
Ferdinand-Jühlke-Straße 7
99095 Erfurt, Deutschland
produktsicherheit@kolibri360.de